Walter Machtemes

Energon

Eine Sinngeschichte

Oberhausen 1993/2014
ISBN 978-3-738-60943-1
Herstellung und Verlag:
BoD - Books on Demand, Norderstedt

Walter Machtemes

Energon

Eine Sinngeschichte

Prof. Dr. Dr. Walter Machtemes

Walter Machtemes ist Arzt, Philosoph und Soziologe. Er hat langjährige Erfahrung in der klinischen und ambulanten Psychiatrie und Psychotherapie, in der Erwachsenenbildung sowie als Hochschullehrer und ist Autor zahlreicher Bücher und wissenschaftlicher Veröffentlichungen. Sein Denken und sein Handeln sind geprägt durch viele Aufenthalte in asiatischen Ländern. Seinen Arbeitsschwerpunkt findet er bei den suchenden Menschen, die sich selbst und ihre körperliche, seelische und soziale Sicherheit (vorübergehend) verloren haben. Er will mit den Leidenden ("Patienten") hinter die Fassaden des Alltags schauen, gemeinsam mit ihnen Konflikte lösen und helfen, Gleichgewicht wieder herzustellen.

"Jeder Zustand der Seele und des Körpers besitzt einen hintergründigen Sinn, den wir begreifen und beachten müssen. Behandlung beginnt mit dem Verstehen und endet mit der Veränderung."

Einstimmung..7
Erwachen..11
Geboren werden..16
Erfahrungen des Kindseins............................22
Immer in Bewegung......................................29
Deuten und Wollen..35
Einsamkeit...42
Absurde Welt..49
Sinn-Bilder...56
Selbstannäherung..64
Hier ist ein Mensch.......................................73
Die drei Prinzipien..81
Das Ende als Anfang.....................................90
Nachrede..98

Mit Zeichnungen von Walter Machtemes

Einstimmung

Gesprochene und geschriebene Worte bedeuten mehr als nur eine Aneinanderreihung von Lauten oder Zeichen. Sie stellen den – letztendlich notwendig vergeblichen - Versuch dar, die umfassende Wahrheit der Welt und der eigenen Person zu begreifen und zum Ausdruck zu bringen. In der Dichtung 'verdichtet' der Mensch Raum, Zeit und Grund zu einer für ihn verständlichen Sinnhaftigkeit. Die Sprache schafft die Verbindung vom innersten Fühlen zum äußersten Wollen. Die Fähigkeit, sich in Ihr mitzuteilen schenkt eine intensivere Beziehung zum Gegebenen.

Der eher theoretische Begriff 'Wortschatz' kann daher durchaus wörtlich verstanden werden. Worte erschließen prachtvolle Räume und ungeahnte Phantasmen des Daseins. Wer sie zu nutzen, zu sprechen und zu lesen weiß, lebt in einer anderen Welt. Leser, Zuhörer und Erzähler entwerfen gemeinsam eine Lebenswelt ihrer Träume. Fühlen und Streben, subjektive Wahr-"nehmung" und Deutung, Besinnung und Versenkung gipfeln im Wort.

In kaum einer anderen Gattung der Literatur wird dies so deutlich wie im Märchen. Seit ewigen Zeiten suchen Menschen in mythischen, phantastischen und märchenhaften Erzählungen die Befriedigung ihres Lebens-Bedürfnisses nach (Er-)Klärung und (Er-)Füllung der Existenz.

Helden, die sie selbst nie waren und nie sein werden, kämpfen für sie ein siegreiches Gefecht für Gerechtigkeit und Freiheit.

Glückskinder weisen den Weg und dringen vor zum verborgenen Quell des Daseinssinns.

Seher und Weise führen als Stellvertreter der Fragenden Dialoge mit den Göttern und zitieren Prinzipien des Seins.

Für die Stunden der märchenhaften Versenkung weichen Ernst, Rationalität und Realismus einem Rausch des spielerischen Erlebens. Vorstellungskraft, Sprachfülle und Handlungsklugheit ergänzen einander zu einer umfassenden Kreativität des Welt- und Selbstentwurfs.

Ein besseres, schöneres und vollkommeneres Ich wächst auf einem fruchtbareren Boden der Wirklichkeitserfassung.

Die Sprache des Märchens gewinnt damit die Bedeutung eines Pharmakons. Der Heilsuchende öffnet sich und überantwortet sich vielfältigen Wirkungen, die das Zusammenspiel seiner Kräfte verändern können. Er findet eine andere Form des Gleichgewichts und stellt sich auf einer anderen Ebene den Herausforderungen des Willens in ihm und außerhalb seiner selbst.

Leider macht der sprachliche Rahmen der meisten, uns seit Kindertagen bekannten Märchen, deren

– für uns nur scheinbare! – Unvereinbarkeit mit der wahren Welt der Erwachsenen deutlich.

Sie beginnen mit den Worten "Es war einmal ... und enden mit der eher resignativen Feststellung "und wenn sie nicht gestorben sind, dann leben sie noch heute".

Diese Erzählungen weisen den Leser beziehungsweise den Zuhörer unmissverständlich darauf hin, dass es sich um abgeschlossene Ereignisse der Vergangenheit handelt. Die Kraft dieser Tapferen und Gescheiten, Feinfühligen und Lebensmächtigen ist erloschen, denn mit der Realität ist ein Überwinden des Todes nicht vereinbar.

Für unser Märchen haben wir daher einen anderen Anfang gewählt. Die Formulierung "Es wurde einmal ..." berücksichtigt und unterstreicht die prozesshafte Entwicklung der Wirklichkeit. Sie vermittelt die Hoffnung, dass ein vergleichbares Werden jeden erfassen kann, der sich einlässt auf Umstände und Zustände seines Lebens, die denen der Hauptgestalt des Märchens durchaus vergleichbar sein können.

Auch das Ende lässt vielfache Perspektiven offen. Das Werden ist seinem Wesen nach gegenstandslos. Es ruht in der Tiefe jedes belebten und unbelebten 'Dings', Seine Entdeckung und Entwicklung wird zur je persönlichen Aufgabe. Denn 'Werden' stirbt und endet nicht.

Doch wir wollen nicht zu viel vorwegnehmen, sondern es dem Leser überlassen, unsere geschaffene und seine tatsächliche Wirklichkeit mitzuentwickeln.

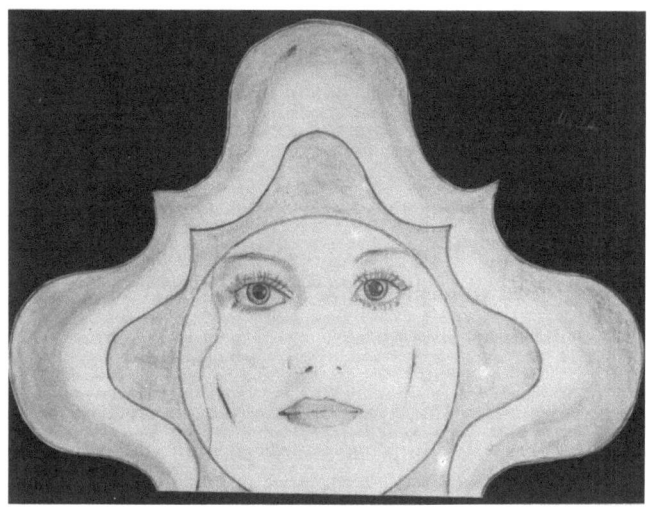

Erwachen

Es wurde einmal ein Mensch. Der Raum, in dem er sich vorfand, dahin-geworfen wie ein Stein, der ins Wasser nicht mehr als einige wenige Kreise schreibt, erschien ihm merkwürdig fremd und – parodoxerweise – doch unsagbar vertraut. Die vollkommene Dunkelheit umhüllte ihn wie eine Schäfchenwolke am gestirnlosen Himmel. Weich und sanft fühlte er sich getragen und aufgehoben, einem Zustand entgegengeführt, über den er nichts wusste.

Die Wärme, die nicht ihm gehörte, die aber doch für ihn da war, spürte er als s e i n e Kraft. Die äußerlich erfassbare Winzigkeit seiner Erscheinung stand In keinem Verhältnis zur Mannigfaltigkeit des Möglichen, die er in sich fühlte und zur in ihm angelegten, absolut einmaligen Menschlichkeit. Seinen drängenden Lebenswillen in sich selbst erfasste er daher sehr viel früher als die Gesamtheit seiner Gestalt.

Er pulsierte, vibrierte, öffnete und schloss ohne wissentliche oder willentliche Entscheidung Wege und Bahnen in seinem kleinen Körper. Er sollte sein – das konnte er in allen diesen Vorgängen erkennen, die er als noch unbekanntes Harmoniestreben in jeder einzelnen Körperzelle wahrnahm.

Diese eigentümliche Fremdheit der eigenen Lebendigkeit verwirrte ihn. Verwirrung, dies war überhaupt sein erstes Lebensgefühl, lange bevor sein Bewusstsein erste zaghafte Versuche startete, sich selbst zu begreifen. Er fühlte sich lebendig und doch ungeboren, unfassbar klein, aber in jedem Mikrometer organischer' Substanz überlebensmächtig; er lebte zu zunehmender Bewegungslosigkeit in der Enge verurteilt und doch schien alles in ihm in Gang gesetzt zu werden. Was wollte er und wer war er? Gab es etwas außer diesem spürbaren Drängen, das was ihn ausmachte? Einen Augenblick hielt er in seinem Wachstums-prozess inne, um zu ordnen. Er versuchte nicht zu verstehen, wohl aber seine eigene Unordnung als zusätzliche Kraft für sich selbst zu nutzen.

Er beschloss ein F r a g e n d e r zu werden. Neben den A n t r i e b von innen wollte er die F a s z i ‑ n a t i o n vor und in der Welt setzen, neben dem W i l l e n zum Leben – sollte der W i l l e zum W i s s e n ihn in seinem Dasein tragen.

Damit war er, ohne sich bewusst damit auseinandergesetzt zu haben, einen ersten frühen Schritt nach vorn zur Beantwortung der Grundfrage nach sich selbst gegangen. Er wusste nicht, aber er spürte, wer und was er war: persongebundene, strömende, überfließende Lebensstärke, die unaufhaltsam wachsen wollte, Vor allem anderen erfasste er sich als in sich begründete Energie. Dies sollte, so beschloss er, auch sein Name zum Ausdruck bringen. Er wollte " E n e r‑ g o n " heißen, die sich selbst als Werk begehrende, beginnende, gestaltende und vollendende Kraft. Einerlei wie seine Eltern ihn später nennen sollten, er würde sich damit nicht angesprochen fühlen.

Er, Energon, war mehr als eine durch eine Namensbezeichnung ausgrenzbare Lebenseinheit. Er spürte in sich männliche und weibliche Lebenszüge heranreifen und er wusste wohl, dass die Natur sowie noch mehr die Menschen, mit denen er leben sollte, ihn zwingen würden, sich definitiv zu entscheiden.

Energon aber wollte weder zur männlichen Heldenhaftigkeit noch zu lieblicher Weiblichkeit erwachsen. Er schob alle Rollenbilder und Vorurteile weit von sich und verstand es, die noch spürbare U n e n t - s c h i e d e n h e i t seines Daseins zu genießen. Sich nicht festgelegt, als Werden zu begreifen, erfüllte ihn mit einem Gefühl der Größe, Ganzheit und Unversehrtheit.

Hier fasste Energon einen weiteren tiefgreifenden Lebensentschluss; Er wollte nicht abschätzbar, nicht kalkulierbar, nicht festlegbar sein. Eines seiner Lebensideale sollte die weitgehende Wahrung seiner M ö g - l i c h k e i t darstellen. Er wollte immer wieder aufs Neue und in jeweils anderer Weise existieren können. Schranken und Grenzen würde er so lange umdeuten, bis er sie als selbstgesetzte Markierungspunkte verstehen und hinnehmen konnte.

Energon würde fließen wie der Quell, der sich mit unendlicher Geduld und Ausdauer schließlich s e i n e n Weg auch im härtesten Gestein sucht. Seinen Lauf würde er selbst bestimmen mit jener kaum begreiflichen, letztlich weltverändernden Leichtigkeit seines Wesens.

Alles auf ihn Einwirkende würde er als bloße Herausforderung wahrnehmen und ihm nichts anderes entgegenstellen als seine strömende, werdende und wachsende Gelassenheit. In eben dieser Gelassenheit hatte er sich mit dem ersten Moment des Lebens gefunden, in ihr wollte er bleiben, solange es ihm möglich war.

Wenn er sich selbst übergeben und anvertrauen konnte, dies spürte Energon, so würde niemand willentlich gewaltvolle Veränderungen an ihm erreichen können. Was der Andere auch entscheiden wollte, es würde schließlich in ihm und dadurch in sich selbst ruhen. Niemand anderer könnte den Triumph auskosten, Energons Dasein entscheidend bestimmt zu haben, außer der Kraft, die ihn selbst sein ließ.

Auf diese Weise fand Energon zu seinem dritten bedeutenden Vorsatz: Sein Leben sollte getragen sein von V e r t r a u e n , R u h e , G e l a s s e n h e i t und T r e u e zum in sich selbst waltenden Sinn.

Als er jetzt um sich schaute, empfand er eine gewisse Genugtuung sowie eine eigenartige Lebensbereitschaft. Ja, er, Energon, hatte schon vor seiner offiziellen Anerkennung als Person, schon vor seiner Geburt zu sich selbst eine tiefe Lebensbeziehung aufgenommen, die er nicht wieder aufgeben würde. Er nahm sehr früh wahr, wie und was er war und in welcher Weise er sich selbst erschließen konnte. Alles war letztlich ihm selbst überlassen und ihm als Summe unzähliger Lebensschritte aufgegeben.

Energon musste nichts weiter tun als 'Ja' zu dieser Aufgabe und damit zu sich selbst zu sagen. Denn daran gab es keinen Zweifel: Er spürte, dass alles in ihm leben wollte und dass alles um ihn herum auf sein Leben und Überleben abgestimmt war.

Das über Energon rhythmisch schlagende mütterliche Herz schlug für ihn. Die Lungen atmeten für ihn den lebensnotwendigen Sauerstoff. Die Nieren schieden für ihn die schädigenden Stoffwechselprodukte aus, um ihn heil und unversehrt zu erhalten,

Welchen Grund sollte es geben, alle diese "Dienstleistungen" zu verweigern?

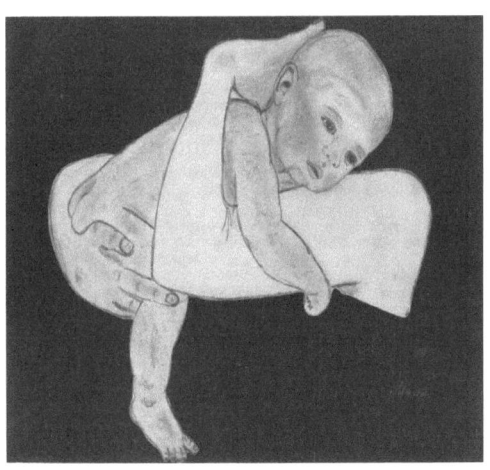

Geboren werden

Der Drang, den Energon in sich spürte, schien übermächtig zu sein. Wie sollte er all diese Trieb- und Tatkraft soweit kanalisieren, dass er nicht zu früh, als körperlich kaum überlebensfähiges Wesen, sein menschliches Leben beginnen würde? Ein inneres Wollen stieß ihn weiter und weiter. In seinem kleinen Körper tobten zwei Kräfte in wildem Kampf gegeneinander. 'Es' und 'Ich' stellten unvereinbare Forderungen.

'Es' strebte zum Licht, zur Weite und Entfaltungsmöglichkeit, zur Befreiung und Trennung. 'Ich' verlangte die Selbstbeschränkung und den 'vernünftigen Ablauf der Dinge', Schutz und Einklang sowie die langsame Entfaltung, das geregelte Werden.

Energon stritt mit sich selbst und versuchte nicht selten, einen Teil der unerträglichen Spannungen nach außen abzugeben, indem er Schatten-Boxkämpfe gegen einen unsichtbaren Gegner führte.

"Er ist wieder recht unruhig", pflegte seine Mutter in diesen Momenten den Umstehenden zu berichten und sie war irgendwie stolz auf das "lebhafte Kerlchen", das in ihrem Schoß heranwuchs. Sie ahnte nicht, was sich in diesen frühen Lebensstunden ihres Kindes abspielte.

Energon fühlte dass geboren zu werden, diese eigentümliche Verwirrung der Gefühle weit steigern würde, in der er sich seit den ersten Momenten der Selbstwahrnehmung gefunden hatte. Er würde hilflos und ohne Schutz der Kälte und Weite ausgeliefert sein, nach der er sich sehnte. Die gesamte in ihm ruhende Kraft. würde- bei weitem nicht ausreichen, ihn auch nur einige Tage selbständig überleben zu lassen. Er würde frei sein, aber abhängiger als je zuvor; er würde die angenehme Kühle und die verheißungsvolle Weite wahrnehmen sowie die Fülle der Welt in sich aufnehmen können. Andcrerseits setzte er sich der Gefahr aus, in der Unwirtlichkeit der Welt zu erstarren, trotz der Fülle zu verdursten.

Energon zögerte lange, bis er den Entschluss fasste, koste es was es wolle, möglichst viel des ihm zur Verfügung gestellten Abschnittes des kosmischen Lebens bewusst für sich in Anspruch zu nehmen. Auch Tage und Wochen, die ihm für sein Leben zusätzlich zur Verfügung standen, erschienen ihm wichtig – zu kostbar, sie als Wartezeit zu verschenken.

Sieben Monate, sagte er sich, achtundzwanzig Wochen des abhängigen Reifens und Wachsens, müssten ausreichen, dann würde er sich auf seinen ersten schweren Weg begeben.

Energons Geburtstermin sollte in mehrfacher Hinsicht auffällig sein. Er würde einen sehr frühen Termin wählen, um schon von den ersten Tagen seiner Existenz in der Außenwelt den anderen zu beweisen, dass er trotz seiner körperlichen Schwäche immense innere Kräfte besaß. In einer fast überheblichen Selbstwertung setzte er schließlich einen Tag fest, an dem die Bewohner des Landes, in dem er geboren werden sollte, Jahr für Jahr die Ankunft eines religiösen Heilsbringers feierten. Dies sollte der Tag auch seines weltlichen Beginnens sein. Diese Entscheidung sollte ein erstes Zeichen sein, das Energon setzen wollte, in tiefer Ehrfurcht vor der umfassenden und seiner eigenen innersten Sinnhaftigkeit. 'Sinn-voll' geboren zu werden müsste der schönste Anfang sein.

Energons Mutter spürte schon bald, dass in ihr ein eigenständiges Wesen Forderungen zu stellen begann, denen sie nur widerwillig folgte. Seine Mutter liebte die Regelmäßigkeit, er selbst hasste diese 'Tugend'. Sie achtete eine natürliche Ordnung der Dinge, er suchte seine eigene. Sie setzte die äußere Harmonie über alles, er wünschte den vorantreibenden Widerspruch, Die Differenzen fühlten beide so deutlich, dass sie sich ohne größere Zweifel einigten: Sie hatten den Zeitpunkt für Energons Geburt erreicht.

Das noch ungeborene Kind vernahm jetzt in der bisher wohligen Geborgenheit seiner mütterlichen Umgebung eine immer stärker werdende Bewegung. Die Wände seines Lebensraumes wurden von gewaltigen Wellen hin- und hergerafft wie Vorhänge auf einer Theaterbühne, hinter denen eine aufgeregte Premierenstimmung Akteure und Statisten erfüllt.

Energon bemerkte, wie er selbst ergriffen und von einer gewaltigen Kraft vorangetrieben wurde, der er sich nicht widersetzen könnte. Wie auf der schäumenden Krone einer meterhohen Woge besaß er nichts, woran er sich festklammern konnte als sich selbst und sein Vertrauen, heil anzugelangen. Aus seiner annähernd bequemen Hockstellung wurde er herausgedreht in einen Kopfstand. Sein empfindlichster und wichtigster Körperteil sollte wie ein Eisbrecher den Weg bahnen zur Offenheit und Weite.

Zentimeter um Zentimeter sank Energon herab. Der Druck auf die noch weichen Schädelknochen und die darunterliegenden zartesten Windungen des erwachten Gehirns erschien ihm unerträglich. Der so Leidende wollte schreien, doch weder ließen sich seine Lippen öffnen noch übertönte ein Laut des Kindes das wogende, tosende, beginnende Geborenwerden.

Vor sich sah Energon nur drohende, blutrote Muskelwände, Öffnungen, die ihm so winzig erschienen, dass lediglich sein zur Faust geballtes Händchen hindurch passen könnte. Minuten später war sein Kopf voll umschlossen von einem zuckenden, pressenden, gepeinigten Körper, der nicht sein eigener war. Wenn er nicht die letzten eigenen Kräfte mobilisierte, würde er sich schon in den ersten Minuten seines irdischen Lebens schuldig machen. Er wollte dazu beitragen, die Schmerzen seiner Mutter zu verringern, und fühlte sich doch den Kräften um ihn herum eher hilflos ausgeliefert.

Energon stemmte und ruderte mit seinen Ärmchen, stieß seine Beine mit Vehemenz ab und versuchte die vorgegebenen Dreh- und Wendebewegungen aktiv zu verstärken und mitzuvollziehen.

Der Sauerstoff begann knapp zu werden; das Blut pulsierte nur noch mit geringem Druck in den ihn versorgenden mütterlichen Gefäßen.

Doch die größte Kraftanstrengung stand Energon noch bevor. Er musste die 'Tür zur Außenwelt' weit aufstoßen. Der Kopf wollte zerbersten unter der äußersten Belastung. Das Kind begann in Zweifel zu ziehen, ob es sich in seiner Geburt oder in seinem Todeskampf befand. Energon wollte nicht sterben, bevor er zu leben begonnen hatte. "Weiter, weiter", hämmerte es in seinen Schläfen und Gliedern. Nur noch wenige Minuten blieben bis die mütterliche und die kindliche Welt zusammenbrechen und ihn hinwegreißen würden.

Mit einer unbeschreibbaren Anstrengung und einem Lebensschrei, der mit dem der Mutter zusammenklang, stieß Energon hindurch in seine neue Welt.

"Welch ein winziges Würmchen", hörte er die Hebamme sagen, "Gott hilf, dass dieses Frühchen überlebt", betete die Schwester. Die Überlebenschancen stehen eins zu zehn, ergab die nüchterne Kalkulation des Arztes. Doch wenn auch nur eine der anwesenden Personen das Baby genauer betrachtet hätte, wäre ihr einiges sonderbar aufgefallen: das fast trotzig zu nennende Funkeln der Augen, die Entschlossenheit signalisierende Stellung der winzigen Lippen, die Fäustchen, die sich kaum öffnen ließen, die überflutende Wärme, die der kleine Körper einschloss; der kaum wahrnehmbare, aber kontinuierlich fordernde Schrei nach Zuwendung und Hilfestellung für ein Leben, das gewollt war und sein sollte.

Energon hatte in seinem ersten und wichtigsten Überlebenskampf gesiegt und er 'wollte' sich selbst. Niemand konnte ihn daran hindern, die erste und grundlegende Selbstannahme in Daseins- und Tatkraft umzusetzen, zu wachsen und zu werden.

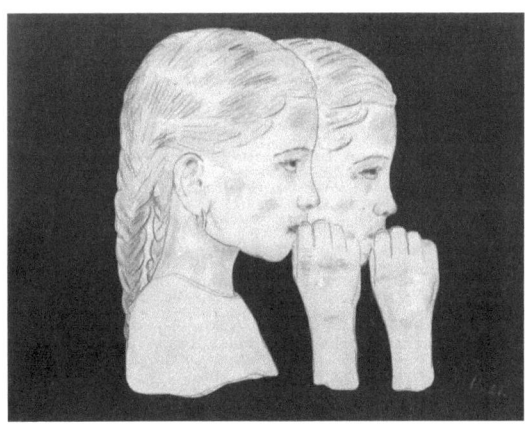

Erfahrungen des Kindseins

Und Energon wuchs und wurde. Zur Freude seiner Eltern unterschied er sich äußerlich schon bald kaum mehr von den anderen Kindern seines Geburtsjahrganges. Seine runden Bäckchen strahlten vor Lebensfreude und seine Beine trugen ihn in jeden Raum der elterlichen Wohnung, um Erfahrungen zu sammeln und Entdeckungen zu machen. Energons Mutter hatte ihn Robert genannt, ihre heimliche Jugendliebe hieß Hans-Robert. In der Zuwendung zu ihrem Sohn wollte sie einen Teil ihrer unerfüllten Träume und überwiegend unverarbeiteten Gefühle unterbringen. Er hasste diesen Namen. Das Kind wollte kein Ersatz sein, kein Erinnerungsstück darstellen, das es mit seinem Dasein lebendig gestalten und auffüllen sollte. Mit allem Nachdruck bestand er auf s e i n e r Selbstwahrnehmung; dieser Nachdruck, den er empfand und lebte, bestätigte und repräsentierte den selbsterwählten und wahren Eigen-Namen: E n e r g o n. Doch welche Chance besaß er, dies durchzusetzen? Seinen Eltern konnte das Kind sich kaum verständlich machen. Energon hatte noch nicht die abstrakte Sprach- und Ausdrucksfähigkeit der Erwachsenen erworben. Einzig die Kindlichkeit selber bot Möglichkeiten der Darstellung der in ihm verborgen wirksamen Kraft. Vielleicht würde es ihm gelingen, seine Eltern schon sehr früh mit hinüberzunehmen in s e i n e Welt. Wenn sie auf ihn eingingen, könnte er ihnen auf anderem Wege Augen und weitere Körpersinne öffnen. Mutter, Vater und unmittelbare Bezugspersonen würden seine Kindlichkeit mit ihm teilen und möglicherweise als eigene Lebensform auch bei sich selbst entdecken. Er würde versuchen, mit seiner kindlich-einfältigen Lebendigkeit ansteckend zu wirken. Energon unternahm in seinen ersten Lebensjahren mannigfache Versuche in dieser Richtung.

Rückblickend müssen wir feststellen, dass er damit recht erfolgreich war. Wir wollen einige dieser Momente wie in einem Kaleidoskop einfangen, indem wir gemeinsam Photos aus dem Familienalbum betrachten.

Auf einem vergilbten Bild, kaum größer als eine Briefmarke, sehen wir den kleinen 'Robert' (Energon) auf einem großen Tisch liegen, Beinchen und Händchen begeistert von sich gestreckt. Der Betrachter meint sogar, sein Lachen und lustvolles Kreischen aus dem Bild herauszuhören. Die unhinterfragte Lebensfreude muss die Menschen seiner Umgebung infizieren. Das Kind benötigt keine Begründung für seinen Glückszustand. Logische Erwachsenenwelten versinken im Einflussraum dieses Kindes wie hinter einem leichten Morgennebelschleier, der einen schönen Frühlingstag mit und hinter sich heraufführt.

Die ersten Fragen Energons begannen nicht mit dem Wörtchen 'warum'. Wenn er fragte, dann wollte er zum Beispiel wissen 'wie' eine Katze schleicht (behutsam oder gefährlich?), auf welche Weise die Geräusche des Alltags wahrgenommen werden (wie hupt ein 'wütendes' Auto? was erzählen die Blätter dem Wind?) und was Menschen mit den herrlichen Gaben der Natur tun (was machst du mit den Millionen Sonnenstrahlen oder mit den vielen, vielen Tautröpfchen?). Nicht selten erzeugte Energon dann Kopfschütteln und Ratlosigkeit. Welch seltsame Dinge der Junge wissen wollte! Den Erwachsenen fiel es nicht leicht, Energon zu verstehen.

Auf einem anderen Foto sind Energon und sein Vater mit einem alten Fernglas zu sehen. Der Kleine hatte - dies zeigen das ungläubige Lächeln des Vaters und der nach oben gerichtete Zeigefinger des Jungen – gerade erklärt, dass ein bestimmter Stern am Himmel nur für ihn Tag und Nacht strahle. Überhaupt besitze jeder Mensch seinen persönlichen Stern. Man solle nur versuchen ihn abends an- und morgens auszuschalten, dann würde man ihn sicher finden. Die vertrauensvolle naive Gläubigkeit des Kindes war erfrischend. Die Ausflüge seines Denkens bedeuteten für nicht wenige eine große Herausforderung hinsichtlich ihrer eigenen Hinnahme- und Hingabefähigkeiten.

Eines der schönsten Photos zeigt den dreijährigen Energon inmitten eines Scheeglöckchenbeetes sitzend.

Das kraftvolle Rosa seiner Haut steht in wunderbarem Kontrast zum makellosen Weiß sowie zum satten Grün der Pflanzen. Der Junge vermittelt den Eindruck, als sei er vertieft ins Gespräch mit dreien oder vieren der ihm nächst wachsenden Blumen, die ihm scheinbar aufmerksam zuhören, ihre Köpfchen zur Seite neigen, oder auch bestätigend zunicken. Der Betrachter fühlt sich aufgefordert, es dem Kinde gleichzutun, sich auf den Bauch mit aufgestütztem Kopf hinzuzulegen und sich an der Unterhaltung zu beteiligen.

Energons unbändige kindliche Kraft wird in einem letzten Bild deutlich, das wir ausgewählt haben. Der Kleine ist zu sehen an den Händen älterer Spielgefährten, die ihn an beiden Seiten mit 'eisernem Griff' festhalten, damit ein schönes Photo entstehen kann. Energons Blicke scheinen messerscharfe Pfeile hinauszukatapultieren. Sein Gesicht leuchtet im Zorn gerötet und seine Füße stampfen den unter ihnen erreichbaren Boden. Energon will sich nicht in Stellung bringen lassen. Ebensowenig behagt ihm ein erzwungenes Lächeln für ein gestelltes, widernatürliches Photo, das jegliche Lebendigkeit vermissen lässt. Seine Gefühle stellen organisch gewachsene Zustände dar; er kann und will mit ihnen nicht spielen, nichts vortäuschen, was nicht vorhanden ist.

Vieles, was sie nicht verstanden, ärgerte seine Eltern. Aber Energons Hartnäckigkeit und offen zur

Schau getragene kindliche Weltklugheit überzeugten häufig die Erzieher, wenn sie sich nach längeren Abwehr-, Belehrungs- und Begründungsversuchen schließlich auf die Lebens- und Betrachtungsweisen des Kindes einließen.

Energon zeigte allen, die er traf, was es bedeutete, auch als erwachsener Mensch eine Kindlichkeit des Fühlens und Welterlebens zu bewahren oder auch wiederzuentdecken. Wer mit Ihm auch nur einige Stunden zusammen verbrachte, der wurde herausgerissen aus einem Alltag, in dem Seriosität, Pflichterfüllung und gelehrtes - oft leider eher geleertes - Reden die obersten Werte darstellten.

Wenn das Kind zum Beispiel fragte, mit welchen Plänen man den nächsten Tag

beginnen wolle, und ob der 'liebe Gott' sein Einverständnis dazu gegeben hätte, brachte er nicht wenige Mitmenschen in arge Verlegenheit. Ein eher amüsiertes Lächeln über die angebliche Naivität des Kleinen akzeptierte Energon ebensowenig wie (pseudo-)wissenschaftliche Erklärungen oder die Antwort "das wirst du später noch alles erfahren, wenn du groß bist". Energon wiederholte dann so oft seine Ausgangsfragen bis er die 'Großen' auf seine 'Lebensthemen' eingestimmt hatte. Und diese Themen hießen nun einmal: Spiel, Einfalt, Gelassenheit, Versenkung, Gefühl und Vertrauen.

Energons Eltern hatten als erste gespürt, dass das Spiel ihres Kindes mehr bedeutete als einen reinen Zeitvertreib. Sie konnten ihren Sohn niemals dazu bringen 'irgendetwas' zu spielen. Sein Drängen und Wollen war ausgerichtet auf s e i n S p i e l, das in jedem Moment seines Kinderlebens notwendig den Reflex darstellte auf seine Stimmungen, auf die Herausforderungen durch die Umwelt und auf die intuitive Weltverarbeitung. Wurde er daran gehindert, so gab er nicht selten – wie die Erwachsenen meinten – 'vorlaute' und 'altkluge' Kommentare zurück:

"Merkt ihr nicht, dass ich mit etwas Wichtigem beschäftigt bin?" Oder auch: "Mein Zimmer ist ordentlich, auch wenn ihr das wieder einmal nicht seht." Die aufmerksamen Zuhörer hätten auch die tiefe philosophische Bedeutung mancher Äußerungen des Kindes erfassen können. So forderte der Kleine einmal: "So lasst mich doch! Ich will die Spiele spielen, die mir Spaß machen, und ihr könnt eure spielen."

Wer, ebenso wie Energon, Kind sein konnte, verstand ihn und öffnete gemeinsam mit ihm die Tore zu einer anderen Welt. Dann standen plötzlich Ziele im Vordergrund des Alltagsentwurfs, die fremd erschienen, aber doch sehr viel näher lagen am Ursprung des Lebens und des erwachenden Selbstbewusstseins: Absichtslosigkeit und Selbstzweck; Phantasiefähigkeit und Hingabe; Originalität, Betroffenheit und Verantwortlichkeit.

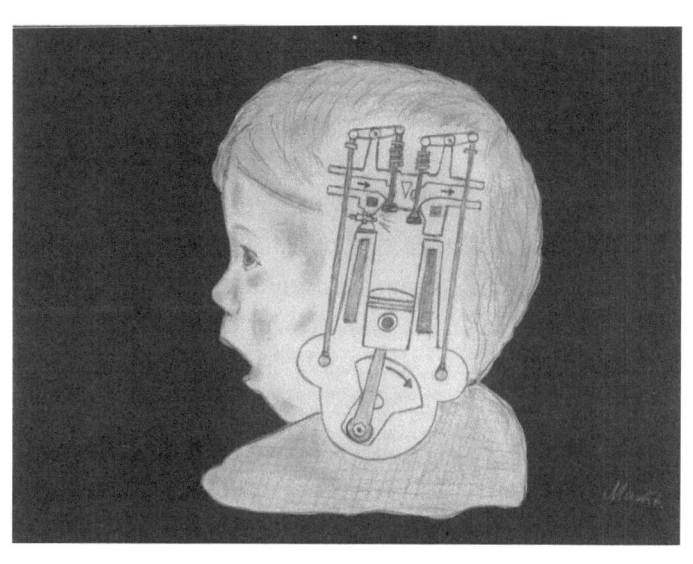

Immer in Bewegung

Wie er vor seiner Geburt begonnen hatte, so setzte er auch in den kommenden Jahren seine Antriebe in ständige Lebens-Aktivität um. Energon war immer in Bewegung. Die flüchtigen Beobachter mochten dies häufig nicht wahrhaben wollen, denn das Kind konnte durchaus Stunden ruhig mit einem Spielzeug oder in die reine Betrachtung versunken vor einem Fenster verbringen. Doch seine Augen verrieten dann, wie es fasziniert aufnahm und verarbeitete, was seine Sinne erreichte.

Für das Kind gab es wenig, was nicht in sich die Aufforderung mitbrachte, es in Gang zu setzen. Alles barg in sich die Möglichkeit, angerührt und verändert zu werden.

Energon konnte mit einer unendlichen Geduld auf den Erfolg seiner existenziellen Bemühungen warten. Es gab für ihn nichts Totes, sondern lediglich 'noch nicht Lebendiges'. Wenn etwas sich noch nicht (ein Stein, eine Wolke, eine Wasserpfütze) oder nicht mehr bewegte (ein totes Insekt, eine abgebrochene Blüte), so war es für den Kleinen nur eine Frage der Zelt, den Eintritt der nächsten Zustandsveränderung abzuwarten. Um Energon herum gab es daher neben der auch für Andere wahrnehmbaren lebendigen Vielfalt des Daseins eine Fülle von 'Nicht-mehr- und

Noch-nicht-Existenzen'. Er war begeistert, wenn er alle 'Nicht-mehrs' wieder zum Leben erwecken konnte. Ihre Vergangenheit ließ sich aus ihrem reinen Wesen ableiten und rekonstruieren. Man konnte zurückblicken bis zu den Anfängen der Dinge; man lernte zu begreifen, wie alles sich in immer neuen Entfaltungen entwickelt hatte. In der intensiven Betrachtung gibt schließlich jedes 'Ding' eines seiner Geheimnisse preis und offenbart einen Teil seines Werdegangs. Ebenso barg der Blick voraus zu den 'Noch-Nichts' eine prickelnde Spannung. Wie würde der Wolkenhimmel sich nur fünf Minuten später darstellen? Welche Reaktion würden Entgegenkommende und Dahineilende auf einen freundlichen Gruß, auf ein interessiertes Anblicken, auf eine Frage oder eine Berührung von ihm zeigen? Wie würde die sanft herabschaukelnde Schneeflocke sich Sekunden später auf der nackten Haut erfahren lassen?

Energon nahm sich selbst, wie die Welt, in der er aufwuchs und in der er der Vervollkommnung entgegenstrebte, als Prozess wahr, der letztlich weder Anfang noch Ende besaß. Diese Entdeckung machte das Kind über ein alltägliches Einstiegserlebnis: Der Fünfjährige hatte von seinem Patenonkel zum Geburtstag einen wunderschönen roten Kinderroller geschenkt bekommen. Entgegen den freudigen Erwartungen der Geburtstagsgäste, dass der Kleine sich freudestrahlend auf das neue Gefährt stellen und damit fortbewegen lassen würde, entschied er sich für eine überraschende andere Nutzung des Rollers.

Energon stellte das Fahrzeug auf Lenkstange und Gepäckträger und versetzte Vorder- und Hinterreifen in kreisende Bewegung.

"Der Roller rollt, weil die Räder rollen", meinte er nachdenklich; "aber wohin rollen die Räder, wenn der Roller nicht rollt?"

Kaum jemand unter den Gästen verstand ihn. Sie waren nur verwundert über die merkwürdigen Gedanken des Kindes.

"Kannst du mir sagen, wer der erste Beweger war?" fragte Energon schließlich seinen Patenonkel. Bevor dieser antworten konnte, wollte der Kleine noch mehr wissen. "Und, bewegt sich eigentlich alles im Kreis oder wollen alle Dinge irgendwo hinkommen?"

Der Onkel, der eine gute Schulbildung erworben hatte, erging sich in weitschweifenden Erklärungen vom Urknall und vom Zufall des Aufeinandertreffens der Ereignisse, von der stetigen Aufwärtsentwicklung, bis zur Krönung der Natur, zum Menschen.

Energon hatte dem zunächst interessiert und aufmerksam, dann aber zunehmend ärgerlicher und ungeduldiger zugehört. Er drehte wieder die Räder seines Rollers und fragte noch einmal: "Und das, wohin bewegt sich das, und wann wird es ankommen?"

Der Onkel mochte vor der natürlichen Weisheit des Knaben nicht kapitulieren und suchte nach immer neuen Erklärungen. Insgeheim aber bewunderte er den Tiefsinn Energons und verkündete den anderen, dass 'der da' wohl einmal ein großer Philosoph werden würde, wenn er schon so früh anfange, den Menschen Fragen zu stellen, auf die kaum jemand eine gescheite und gelehrsame Antwort geben könne.

Energon hatte schon nicht mehr zugehört, als die Familie lachend und scherzend zustimmte. Er hatte in sich selbst und in der Welt das Gesetz der Bewegung entdeckt. Jede Veränderung im Raum und in der Zeit wird durch den Einsatz von Energie in Gang gesetzt. Diese stößt wiederum Anderes an, ermüdet und gibt von dem ab, was es selbst erhalten hat. Bewegung breitet sich so aus und geht niemals verloren. So wie die Räder seines Rollers sich immerfort drehten, so musste auch das Leben sein: ein stetiges Kommen und Gehen vor einem unermesslich großen, nicht fassbaren Kreislauf des Geschehens. Man musste sich nur darauf einlassen. Zum wichtigsten Punkt aber, um die Umdrehungen des Reifens zu ermöglichen, erklärte der Kleine die Achse, die sich nur um sich selbst, ohne bedeutende Ortsveränderung bewegte.

"Das Bedeutendste ist der Mittelpunkt", hielt Energon für sich selber fest. Ab jetzt hatte er eine neue, phantastische Aufgabe entdeckt. Er wollte in allen Dingen nach dem Mittelpunkt schauen. Von ihm, dessen innerste Eigenschaften die Ruhe und die Harmonie darstellten, musste der reibungslose Ablauf allen Geschehens und letztlich jede einzelne Bewegung abhängen. "In meinem Mittelpunkt bin ich Ruhe und Gelassenheit", fand der Junge für sich heraus. "Außen bin ich immer Bewegung und Veränderung". Schon in dieser Sekunde würden stetige Wachstums-, Bewegungs- und Veränderungsprozesse ihn selbst und die Welt, in der er lebte, auf eine andere hin weiterentwickelt haben.

Für Energon bedeutete diese Erkenntnis einen wichtigen Lebenseinschnitt. Er sah letztlich, dass es außer in den Mittelpunkten aller Dinge kein ausschließliches Gleichbleiben geben konnte. Alle, die von ihm forderten, sich bestimmten Gesetzen der Tradition zu unterwerfen, weil 'Man' so leben müsse, belächelte er. Sie verschenkten sich selbst und ihre Möglichkeiten.

Wenn ein Verwandter oder Freund der Familie betonte, er sei noch immer der gleiche liebe und nachdenkliche Junge, so empfand Energon dies eher als beleidigende Aussage eines an seinem real-existierenden Ich desinteressierten Menschen. Jeder, der ihn bewusst wahrnahm, musste doch bemerken, wie er mit überfließender Lebendigkeit von Tag zu Tag neue Entfaltungen seiner selbst suchte und diese auch auf vielfältige Weise fand.

Das Kind Energon war nicht festlegbar. Es gab keine Beschreibung, die über längere Dauer zur Formulierung "Er ist ..." sich hätte zufügen lassen. Seine Grundabsicht bestand im schillernden, spielerischen, kreisenden Werden, indem er sich in immer neuen schwingenden Bewegungen um seine eigene Mitte drehte. Wie das Rad seines Kinderrollers, das ihm diese Selbsterkenntnis ermöglichte, fühlte er sich von einer 'Kraft' in Gang gebracht.

Mit rein willkürlichen Lenkbewegungen würde er jeweils unterschiedliche Richtungen und Ziele festsetzen. Doch dies konnte nicht das Entscheidende, eher nur das Beiläufige in seinem Leben darstellen.

Energon musste und wollte seine Aufmerksamkeit vielmehr auf die 'Achsen des Daseins' richten. Somit sah er sich der Forderung gegenüber, nicht im Stillstand und Verharren, sondern in stets neuen Anläufen und Kreisläufen zu sich selbst und zum Zentrum des Seienden vorzustoßen.

Das spielende Kind zeigte dies den Erwachsenen, in deren Welt es aufwuchs.

Doch jene begriffen nicht.

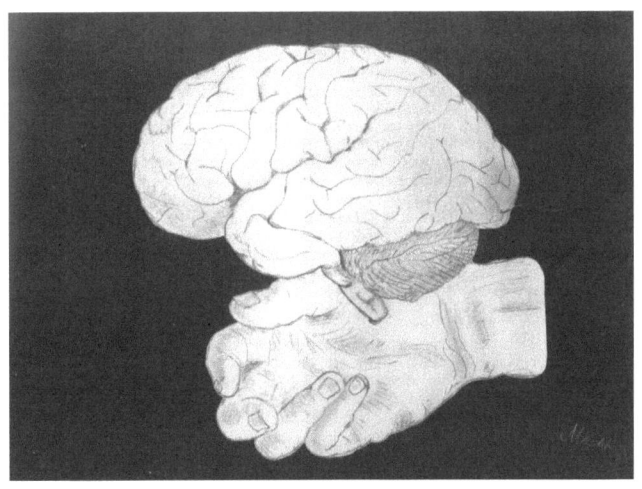

Deuten und Wollen

Es war in Energons späten Kindheitstagen an einem jener wunderschönen Frühlingsabende, die alle Welt in ihre erwachende Fülle hineinzuziehen vermögen. Die Sonne stand noch tief am Horizont und sandte ihre wohltuende Wärme wie glitzernde Girlanden aus. Der Duft von prangenden Kirschblüten und frischgemähtem, dampfendem Gras erfüllte die Luft.

Karge Industrielandschaften, öde Straßen und abweisende Gebäudefronten versanken für Wochen in der schier unüberwindlich heraufwachsenden kreatürlichen Erneuerungsbewegung der Natur. Tausende von Lebewesen bevölkerten Raum und Zeit und versetzten nahezu alles bisher Starre und Unwirtliche in mannigfache, lebendige Bewegung. Über allem streichelte ein zärtlicher Abendwind weich und kreisend alles Lebendige, Menschen, Tiere und Pflanzen. Ein unsichtbares, aber spürbares Atmen, wie von einem gewaltigen Wesen zu dessen und zum Überleben der Welt gewollt, erfüllte die Natur. Alles Erwachende schien lange hoffnungsvoll gewartet zu haben und sog jetzt begierig den energiebringenden Hauch in sich hinein.

Energon hatte wie betäubt von der Schönheit, der Fülle und der Intensität dieses Erlebens auf der Wiese hinter dem elterlichen Haus gesessen. Er spürte, dass er selbst und alles um ihn herum zitterte vor ehrfürchtigem Erstaunen. In sich selbst entdeckte er eine kaum fassbare Erwartungshaltung. Was zog hier für ihn herauf? Wie sollte er von der Vielfalt der Angebote für seine Sinne auswählen? In ihm drängte, es stieß ihn, zu kosten, zu nutzen, für sich zu verwerten, was sich ihm anbot. Ohne dies zu wollen, griffen Energons Hände in die scheinbare Leere, um das Absolute zu erfassen. Reglos saß er dort und versuchte zu begreifen. Was spielte sich dort vor ihm ab? Wie konnte und wollte er mit dem Unbegreiflichen umgehen?

Der Herangewachsene versuchte, sich zurückzuversetzen zu den ersten Momenten, in denen er sich einst selbst fand. Die Verwirrung der Gefühle, die ihn schon vor seiner Geburt betroffen gemacht hatte, ergriff ihn erneut und mit noch größerer Intensität. Zum ersten Mal stellte er sich selbst bewusst vor die Frage nach seinem eigenen Grund und nach der Ausrichtung seines Daseins. Energons Lippen versuchten ein einziges kurzes Wort zu formen: "Warum?". Doch seine schon früh entwickelte Abneigung gegen Zweckhaftigkeitsdenken und allzusehr verstandesmäßig ausgerichtete 'Gelehrsamkeitsantworten' ließen ihn mit allen seinen Formulierungsversuchen auflaufen.

Ein 'Warum' konnte ihm nicht weiterhelfen und deshalb brachte er dieses Wort nicht einmal über seine Lippen. Im Schauspiel der erwachenden Natur würde er Hinweise finden, ohne Begründungen verlangen zu müssen. Denn wo anders als hier sollte der innerste Sinn alles Existierenden einschließlich seiner selbst sich ihm - ohne nähere Erläuterung eröffnen?

Alle menschliche Logik und jeder analytische Erklärungsversuch mussten scheitern bei dem Versuch, diese Fülle der sich entfaltenden Schöpfungskraft zu verstehen.

Energon bedauerte die Beschränktheit seiner Sprache. Es gab kaum Begriffe, Worte oder Sprachbilder, über die sich erfassen oder festhalten ließ, was in ihm und um ihn herum geschah. Wie überaus dürftig erschien es ihm, sich der banalen Feststellung der anderen anzuschließen, dass es Frühling werde. Welch eine bewusst auferlegte Blindheit, welch eine Einschränkung des menschlichen Erfahrungsspielraums bedeutete es, sich diesen Vergewaltigungen des kosmischen Wollens durch menschlich konstruierte Denk- und Sprachschablonen zu unterwerfen. Die Kategorien der menschlichen Vernunft waren weitaus zu dürr und zu oberflächlich, um über sie auch nur annähernd zu begreifen oder gar zu erklären.

Energon spielte mit den Begriffen, die er in der elterlichen Welt zu gebrauchen gelernt hatte, wie mit einem neuen Spielzeug. Er stapelte aufeinander, was er an passenden Vokabeln finden konnte:

Geburt, Wachsen, Reifen, Blühen, Strömen, Fülle, Tiefe, Farbigkeit, Einheit, Vielfalt, Streben und viele andere Worte. Er versuchte mit Sätzen, Ordnung zu schaffen in einem überwältigenden Chaos der Sinnes- und der Gefühlseindrücke. Für sich und sein Leben ließen sich so Leitlinien feststellen. Energon begann vorsichtig zu formulieren: "Leben wird; das Wohin ist offen; sehen, hören, fühlen bedeutet Annäherung; ich selbst 'bin' in jedem Moment, die Welt lässt sich erschließen, aber nicht ergreifen und niemals ausschöpfen ..."

Der herangereifte Geist des Kindes baute an einem ('seinem') Weltbild wie an einer Sandburg, die jeden Augenblick durch eine Flutwelle überrollt und hinweggeschwemmt werden konnte. Er konstruierte ein Fundament als Basis alles Existierenden (vielleicht Gott, vielleicht eine willkürlich waltende Natur?) Er errichtete steile Türme und Zinnen für die Zielsetzungen des menschlichen Selbstentwurfs (einen zentralen Turm für die Mitte der eigenen Identität, mehrere besonders hohe Zinnen- für kurzlebige Sinnentwürfe). Schließlich zog er einen breiten Schutzwall gegen Angriffe von außen (gegen Vorurteile und Traditionen, gegen diverse 'imrnerwährende' Werte und Sprüche).

Mitten im Spiel, beim Stapeln, Ordnen und Bauen wurde Energon plötzlich ein wichtiger Lebensgrundsatz bewusst: natürlich musste er mit jeder Frage nach e i n e m "Warum?" scheitern. Die Welt und er selbst erschlossen sich nur über immer wieder neue Anläufe der Interpretation, Er selbst besaß keinerlei Chance, zum Kern des Seins vorzustoßen, außer über 'An-Deutungen' mittels Sprache und Spiel. Die Faszination seiner Existenz bestand gerade in diesen stetigen Deutungsanläufen.

Die Kraft seines Verstandes gab ihm eine seiner Lebensaufgaben vor. Das menschliche Leben bestand und wird immer bestehen aus eigenen Entwürfen, das Unfassbare zu begreifen. Jeder Tag stellte eine neue Herausforderung dar. Er zog mit der aufgehenden Sonne herauf mit der ständig erneuerten Order: "Deute und begreife mich und dich!"

Energon erschauderte in tiefer Erfüllung und unendlicher Dankbarkeit. Er hatte eine Antwort erhalten, die ihn und seine Existenz erfüllen konnte. Er würde ein 'Lebensinterpret' werden, vorausgesetzt, dass er die notwendige Kraft dazu würde aufbringen und behalten können.

An diesem Punkt begannen aber auch die Wege des Zweifels, die den Jungen in seiner Aufbruchstimmung und der Wahl der Lebensrichtung innehalten ließen.

Welche Richtung sollte er einschlagen? Würde seine spontane existenzielle Energie ausreichen, um ihn über möglicherweise lange Strecken zu geleiten? Woher sollte er diese Stärke für immer erneute Versuche des Erlebens und Ergreifens der Welt nehmen?

Energons Blick streifte zaudernd und immer wieder stockend über die Vielfalt der vor ihm sich ausbreitenden erwachenden Natur. Besaßen nicht jeder Grashalm und jede Larve mehr Wachstumskraft als er? Unbeirrbar strebten sie ihrem Werden entgegen, ohne dass ein selbstgefasster Entschluss ihre Richtung beeinflusste.

Das Herz des fast erwachsenen Kindes pochte wie rasend. Seine Atmung hob und senkte den schmalen Brustkorb in immer kürzeren Zeitabständen. Wozu sollten ihm alle Anläufe des Denkens nützlich sein, wenn er nicht zum Zentrum fand?

Doch auch hier half Energon einmal mehr die Nähe zur Natur um und in ihm weiter, die er in seinem bisherigen kurzen Leben so oft gesucht hatte. Der Junge sagte sich, dass er im Grunde um nichts bedeutender und daher um nichts berechtigter überlebenswert sei als die betrachteten Gräser und Larven. Er hatte diesen lediglich die zweifelhafte Fähigkeit voraus, sich selbst in Frage stellen zu können, damit aber auch sich der Verzweiflung und dem Scheitern preiszugeben. Im entscheidenden Punkt waren sich doch alle existenten, noch nicht und nicht mehr lebendigen Wesen und Dinge gleich: In allen verbarg sich ein fundamentales Wollen und Streben!

Unabhängig von der jeweils gegebenen oder aufdiktierten Zielsetzung oder Sinngebung zeigte alles Seiende diese Qualität des 'Wollens', die Tiere ebenso wie die Pflanzen, die Landschaften ebenso wie der Sternenhimmel, die Atmung ebenso wie die pulsierenden Herzen der Menschen.

"Auch in mir selbst will 'es' und treibt mich voran", flüsterte Energon. Und wie einem unsichtbaren Gesprächspartner zugewandt, rief er zu den Baumspitzen hinauf:

"Deuten und Wollen - das bin ich! So antwortet doch, hört ihr mich nicht? Wollen und Gedeutet-werden, das seid ihr! So zeigt mir doch, folgt ihr mir?"

Einsamkeit

Wie die bisherigen Schilderungen zeigen, war Energon ein durchaus außergewöhnliches Menschenkind. Obwohl er an sich selbst kaum etwas fand, was ihn wertvoller oder gar erwählter erscheinen ließ als seine Zeitgenossen, empfand er schon eine gewisse Einmaligkeit seines Daseins. Diese gestand er jedoch auch allen anderen zu, auch wenn jene dieses Faktum kaum wahrzunehmen und für sich in Anspruch zu nehmen wussten. Daher genoss es der Jüngling immer mehr, je bewusster und intensiver er sich mit seiner sozialen Umwelt auseinandersetzte, wenn er Sätze hörte, wie die folgenden: "Der ist doch nicht normal!" "Junger Mann, Sie sind wohl wieder einmal abwesend, wie?" "Dieser Träumer kann sich nicht auf die täglichen Notwendigkeiten konzentrieren!" "Aus dem wird nie etwas Gescheites werden."

Oft hatte Energon derartige Äußerungen von seinen Eltern und Verwandten, von seinen Mitschülern, Lehrern oder von den Nachbarskindern gehört. Natürlich hatten sie alle Recht. Aber fühlte er sich dadurch beleidigt, missverstanden oder in seiner Weise zu leben eingeschränkt? Nein, es bedeutete für Energon eine Ehre, nicht normal zu sein. Er wollte kein Leben führen, das wie dasjenige eines Einheitsmenschentyps absehbar und berechenbar war. Dies hatte er sich schon vor seiner Geburt vorgenommen. Seine Lebensmaximen könnten niemals heißen: "Sei wie alle anderen; lebe möglichst reibungslos und unauffällig; richte dich nach dem, was 'man' tun soll."

Allein bei dem Gedanken an eine 'Normalität' des Daseins wurde es Energon übel. Könnte der Mensch ein vollständig austauschbares Rädchen im Getriebe der Weltgeschichte darstellen? Wenn dies so sollte, warum besaß er die Kraft der abgrenzenden, aus sich heraus sich erfüllenden Selbsterfahrung? Verlangten nicht nur diejenigen seine „Normalität", die ihn letzlich beherrschen und in den Käfig ihrer Weltanschauung sperren wollten? Wenn die anderen bemerkten, dass er „abwesend" sei, welcher Wesenhaftigkeit versuchten diese selber eigentlich sich anzunähern?

Energon spürte, dass er die fremdbestimmte, den meisten Menschen kaum bewusste Wesenhaftigkeit des geforderten gesellschaftlichen Lebens zutiefst hasste. Er sah ein seltsames Wesen vor sich, den von sinnlosen, erweckten Bedürfnissen angetriebenen, höchstleistungsorientierten, konsumgeifernden, sinnvernichtenden Moloch „Mensch". In Reihen und Zügen aufgestellt, überschwemmte er als Massenwesen die Welt und konzentrierte sich auf den reibungslosen Ablauf eines immer gleichen Alltags.

Wenn aus ihm, Energon, etwas werden sollte, dann alles andere als dies. Er wollte „werden", fürwahr, jedoch in der ihm unverwechselbar gegebenen Individualität. Irgendwann einmal, wenn er die Zeit für gekommen hielte, würde er seinerseits fragen: „Und ihr, was ist aus euch geworden? Wozu hat euch eure Normalität geführt? Was könnt ihr an Eigenem vorweisen?"

Die Konsequenzen, die Energon aus seiner und der jeweiligen Lebenseinstellung der meisten Mitmenschen ziehen musste, mit denen er täglich zusammentraf, waren eindeutig. Er suchte die Einsamkeit, sooft dies möglich war. Er liebte es, mit dem Fahrrad oder auch auf ausgedehnten Spaziergängen versteckte Tümpel, Wälder oder Felder aufzusuchen. Auch in unbewohnten, zerfallenen alten Häusern oder auf Friedhöfen konnte man Energon finden, Dort unterhielt er sich mit uralten Bäumen, summte zusammen mit den Grillen ein Lied, entschlüsselte Botschaften und Lebensgeschichten aus alten Grabsteininschriften oder aus den Grundmauern ehemaliger Wohn- oder Kinderzimmer. Von solchen 'Ausflügen' kehrte Energon dann häufig voller Erregung und innerer Erfülltheit zurück. Die Dialoge, die er geführt hatte, waren so ungemein tiefer und aufschlussreicher als die Alltagsgespräche seines Lebensumfeldes. Anfangs war seine Enttäuschung immer noch sehr groß, wenn er. sich seiner Familie oder seinen Kameraden mitzuteilen versuchte, diese ihm aber nicht folgen konnten. Es dauerte lange, bis er sich daran gewöhnte, nur mit sehr wenigen Menschen seine Weltsicht und -fühlungnahme teilen und sich austauschen zu können.

Manchmal verwünschte Energon dann seine Isolierung vom gewöhnlichen, scheinbar sorglosen Treiben und seinen Abstand vom alltäglichen Leben. In diesen Momenten wollte er einfach abtauchen, sich auch auf der Woge der unbekannten 'Menschenmengen-Gefühle' treiben lassen. Begierig stürzte er sich in den Strom der Käufer in einer samstagsvormittagsbelebten Innenstadt-Fußgängerzone, in das Menschentosen eines überfüllten Fußballstadions oder auch in den reißenden, drängenden Zug eines Jahrmarktpublikums.

Doch auch hier entdeckte er bald die reizvolle – ihn nicht bestrafende, sondern eher auszeichnende – Position des in der Einsamkeit abgehobenen Betrachters. Er befand sich gleichzeitig in und über der Menge. Bald schon stellte Energon mit Genugtuung fest: Die Konsequenz seines Lebens stellte nicht die Verurteilung, sondern die Erhöhung zur Einsamkeit dar.

Dieses Alleinseinkönnen und -dürfen war eine ungewöhnlich wertvolle Gabe. Derjenige, der unabhängig von der einschätzenden und bestimmenden Aufmerksamkeit der anderen sowie außerhalb des geschäftigen Alltagslebens aus und mit sich eins sein und aus dieser Position den Lebensdialog aufnehmen konnte, genau der musste sich wahrhaft glücklich schätzen. Diese Isolation musste in ihrer vollen Bedeutung erfahren werden. Nur in der Abgeschiedenheit und Stille des Alleinseins konnte das Ich zum Umfassenden allen Fühlens, Wollens und Denkens finden, zum "All-Eins-Sein". Die wenigen dieser Verschmelzungserlebnisse, die Energon in seinem langen Leben erfahren durfte, reichten aus, um ihn auf seinem Weg zu bestärken. Was er jetzt noch niemandem verständlich machen konnte, sollten die Aufgabe und schließlich das Ergebnis seines Lebensweges darstellen. Er wollte in sich die Tiefe des Alls erfassen und darüber angeleitet aufgehen im All des umfassenden Wollens. Dazu brauchte er die Momente des Alleinseins und der Stille des Betrachtens so notwendig wie das tägliche Brot, sollte er nicht in seinem Streben nach einer erfüllten Existenz verhungern.

Außer den 'wenigen, die sich intensiv auf Energon einließen und damit ein wenig von seiner lndividualität begriffen, erkannte kaum einer der vielen Gesprächspartner und der ihm Begegnenden Energons wesentliche Ge- und Bestimmtheit. Manche hielten ihn für einen 'frustrierten Revolutionär' oder Sonderling. Andere begeisterten sich an seiner liebevollen und einfühlsamen Weise, mit Menschen umzugehen. Wieder andere versuchten ihn für diverse Erneuerungsbewegungen zu gewinnen. Und schließlich gab es auch solche, denen Energon trotz allem wie ein Durchschnittsmensch erschien. Diese liebte Energon am meisten, denn sie ließen ihn an ihrem Alltag auf seine Weise teilhaben. Sie schlossen ihn weder aus, noch erhoben sie ihn in den Rang eines weisen Ratgebers, der er nicht sein wollte.

Der junge Mann hatte noch genug mit sich und seinem Leben zu ringen, als dass er seine Kräfte für einen fruchtlosen Kampf oder für einen sinnlosen Propagandafeldzug verschwenden konnte. Mit sich allein und im stillen Dialog mit den Dingen gewann er die Stärke, die ihn sein weiteres Leben über erfüllte. An diesen Ort konnte er sich zurückziehen, wann immer er wollte und wo immer er sich aufhielt. Die Einkehr bei sich und bei der sich ihm bereitwillig öffnenden Welt stellte Energons fast unerschöpflichen Energievorrat dar.

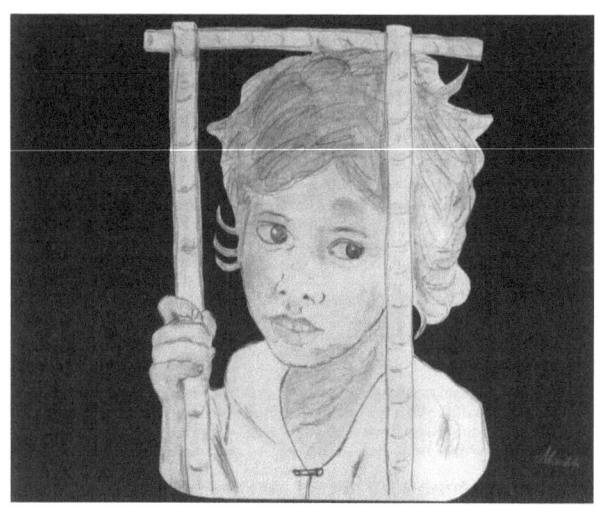

Absurde Welt

Es gab Stunden, in denen Energon sich selbst nicht mehr verstand. Er hatte eine schmerzvolle Niederlage oder Demütigung hinnehmen müssen, spürte aber innerlich ein Triumphgefühl. Er nahm tagelang keine Nahrung zu sich, um sich in Askese und Selbstdisziplin zu üben und fühlte sich trotzdem von Tag zu Tag erfüllter und satter. Kriege, Ausbeutung und Hunger zeigten ihm die Grausamkeit der Menschen untereinander, doch angesichts dieser Tatsachen verlernte er nicht zu lächeln.

Der über sich selbst und seine Reaktionsweisen Betroffene versuchte zu ergründen, was in ihm vorging: Begab er sich auf gefährliche Abwege des Verstandes und Gefühls, die ihn zum Wahnsinn führen konnten? Hatte er den Kontakt zu den Menschen sowie zur physischen und sozialen Umwelt schon soweit verloren, dass er sich zum Phantasten entwickelte?

Energon konnte dies nicht glauben und wollte jene widersinnige Gleichgültigkeit des bloßen Vorhandenseins der Erscheinungen weder an sich selbst noch an irgendeinem anderen Wesen oder Ding als wahr entdecken.

Er lenkte daher die Aufmerksamkeit von sich selbst ab und der Welt zu, damit er Vergleiche ziehen konnte.

Die nunmehr gereifte Vernunft des jungen Mannes erlaubte ihm, tiefer Einblick zu nehmen und zu urteilen als früher. Energon suchte Zusammenhänge zu entdecken, die ihm ebenso zweifelhaft und unvereinbar erschienen wie seine eigenen Gefühle und Reaktionen. Betrog ihn die Welt nicht ebenfalls dauerhaft mit widersprüchlichen Wahrnehmungen?

Er ging seine Wege ständig geradeaus, und doch sollte die Erde rund sein?

Er verharrte in absoluter Ruhe und Bewegungslosigkeit, und doch drehte er sich mitsamt der Erdkugel ständig im Kreise. Er fühlte sich im Mittelpunkt und Sinnzentrum des Universums, obwohl er mitsamt dem Planeten, auf dem er wohnte, nur eine winzige vorübergehende Randerscheinung des kosmischen Werdens und Vergehens darstellte.

Wie benahmen sich die Menschen in der Geschichte und insbesondere in seiner Zeit? Energons Zweifel wurden noch größer. Priesen nicht ganze Generationen einen gütigen Gott und heilverheißende Religionen, die sie aber mit Feuer und Schwert sowie mit erstickendem Missionierungseifer zu verbreiten versuchten? Warum erzogen Eltern ihre Kinder mit schlimmsten psychischen und körperlichen Strafen, wenn sie diese letztlich gute und brave Menschen werden lassen wollten? Welche Beutezüge und welchen Raubbau vollzog die Menschheit in und an der

Natur, zu deren Herrscher und Bewahrer sie sich berufen fühlte?

"Die Welt, der Mensch an sich, der Einzelne in seiner Existenz, alles ist absurd", befand Energon und er wurde sehr nachdenklich.

Das Dasein präsentierte sich in seiner umfassenden Widersprüchlichkeit und Ungereimtheit. Die Töne des All-Willens und des menschlichen Wollens ließen sich nicht zu einer harmonischen Klangfolge zusammenbringen,

Besaß der fragende Energon überhaupt eine Chance, gegenüber einer vernunftwidrig schweigenden Welt mit seinen Erklärungsversuchen ein Fundament des Verständnisses zu errichten? Oder bestand die Aufgabe des Zweifelnden darin, in Würde und Stärke die offensichtliche Sinnlosigkeit und Tragik zu ertragen oder diese mit eigenen, freilich letztlich unpassenden und zerbrechlichen Existenzentwürfen zu überschreiten? Der Symbolträger des menschlichen Lebens scheint Sisyphos zu sein, erläuterte Energon nicht selten geheimnisvoll einem unsichtbaren Gesprächspartner. Der tragische Held der griechischen Sagenwelt musste, wie so mancher Mensch, unter der Hoffnungslosigkeit und Absurdität seiner Existenz leiden, Felsen, die er unter nahezu unendlichen Mühen den steilen Berg hinaufgetragen hatte, rollten, sobald Sysiphos den Gipfel erreicht hatte, unaufhaltsam auf der anderen Seite wieder herunter. Er stand damit an jedem seiner All- und Lebenstage vor der immer wieder erneuten, gleichen, mühevollen und zwecklosen Aufgabe.

Gestaltete sich nicht auch das Leben Energons ähnlich? Der Lebenshungrige verstand zwar immer wieder neu, seine Phantasie beflügelnde Entdeckungen und Erfahrungen zu machen. Wie aber passte alles zu einem Gesamtbild zusammen, das mehr als nur zufällige oder teilweise groteske Grundzüge aufwies?

In solchen Augenblicken, in denen andere seiner Zeitgenossen häufig verzweifelten, suchte der junge Mann in der Regel den Rat des Kosmos. Er saß lange an den Ufern der Flüsse und an den Stränden der Meere oder er nahm, dem himmlischen Chaos hingegeben, teil am Lauf und scheinbaren Miteinander der Gestirne.

In einer dieser Nächte hatte Energon amüsiert die unsichtbaren Verbindungslinien zwischen den Sternen aufgesucht, die von den Ahnen gezogen wurden zur Konstruktion von Sternbildern und Himmelsszenarios. Er lächelte über die Naivität der Himmelsdeuter und Horoskopschreiber. Der Kosmos gab keine unmittelbaren Wahrheiten preis! Er spiegelte lediglich das wider, was Menschen an Wünschen und Bedürfnissen in die Interpretation seiner Bilder und Erscheinungen einzubringen versuchten.

"Kosmos und Leben an sich sagen nichts aus; der Mangel an jeglicher Bestimmung muss die jeweilige

Absicht darstellen", erkannte Energon nach langen Stunden des Nachdenkens. "Beide erscheinen demjenigen absurd, der mit seiner eigenen Existenz nichts anzufangen weiß; sie stellen sich denen als logisch gegliedert und begründet dar, die sich selbst unter einen vorgegebenen Sinn einordnen können." Was immer er an Lebensaufgaben würde übernehmen müssen, Energon würde mit einem neuen 'Imperativ', mit einer prinzipiell verankerten Lebensgrundeinstellung an sie herangehen:

Jede Situation selbst sollte es wert sein, für sich allein genommen mit subjektiver Bedeutung aufgefüllt und erhellt zu werden. Die Feststellung der Absurdität des Daseins und das Absurde selbst bieten niemals eine Lösung an.

Energon entschloss sich daher zu einer zweifachen Lebensstrategie. Er würde nie aufhören, sei es lehrend, sei es ironisierend, sei es protestierend, die grundlegende Offenheit der Welt sowie deren Bedrohlichkeit aufzuzeigen. Er wollte jede Dogmatik und jede dauerhafte Deutung des Menschen in religiösen oder politischen Systemen bekämpfen. Wer sich selbst und den Ablauf der Dinge auf diese Weise festschriebe, müsste schließlich zwangsläufig in der Absurdität enden. Die Entschleierung und Enttarnung von verordneten und unbewusst akzeptierten Lebenskonzepten musste die nächstliegende Lebenstherapie darstellen. Erst nachdem dieser Schritt vollzogen ist, findet sich der Einzelne vor sich und seine eigene Freiheit gestellt. Vor dieser Unbestimmtheit wird er möglicherweise sich selbst in Angst verlieren. Er wird zurückstreben zu den rettenden Ufern der Systeme und der 'verordneten Wirklichkeiten'. Dieses Stadium hatte Energon häufig selbst durchschreiten müssen. Verzweifelt, ohnmächtig und völlig unscheinbar vor dem gewaltigen Kosmos oder auch vor den vor ihm liegenden Lebensaufgaben hatte er sich dann gefühlt. Doch wie anders sollte er diese vernichtenden Gefühle überwinden als durch eine erneuerte und intensivierte Daseinsbereitschaft. Dieses Grundgefühl, das er von seiner Geburt her kannte, sollte in ihm zur Lebensstrategie heranreifen. Die möglicherweise wirkliche, gegebenenfalls aber nur scheinbare Absurdität der Welt wollte Energon über eigene existenzielle Entwürfe aufbrechen. Ähnlich Sisyphos musste er sich seiner Existenz und den durch Zeit und Raum, in denen er lebte, auferlegten Anforderungen stellen. Es gab keine Möglichkeit, davor auszuweichen. Selbst die Selbsttötung böte keine Lösung. Er würde sich damit nur dem Zukünftigen verzagt verweigern, nicht aber Vergangenheit und Gegenwart, an denen er verantwortlich beteiligt war, auslöschen können. Energon würde auch keine Begründung für die Art und Weise, für das 'Los' seiner Existenz verlangen. Er würde sie als Parabel des Kosmos und des Lebens auffassen und als eigene 'Gelegenheit' ergreifen. Diesen Begriff verstand er wörtlich: Sein Da-Sein und -Sollen waren ihm selbst zu Füßen gelegt worden, etwas damit zu beginnen, das resultierend seine Identität darstellen sollte. "Wäre ich in der Situation des Sisyphos", besann sich Energon, "so würde ich andere Wertungen treffen. Ich würde nicht verzweifelt Anfang und Ende sowie das Ziel meines Tuns ständig ins Auge fassen! Viel wichtiger wäre mir die Zwischenzeit, das Hinaufrollen des Felsgesteins, das alltägliche Erfolgserlebnis, wieder einige Meter bewältigt zu haben. Vielleicht würde ich eher lustig pfeifend diese Arbeit verrichten und nicht missmutig. Schließlich, wenn der Fels auf der Spitze des Berges mir entglitte und in den Abgrund polterte, warum sollte ich verzweifelt sein? Hätte nicht ich es ermöglicht, mit meiner Kraft, dass dieses imposante Schauspiel zustande kam? Könnte ich nicht ehrfurchtsvoll der Gewalt des Sturzes mit meinen Sinnen folgen und begeistert darauf drängen, dies weitere Male vorzubereiten?"

Energon empfand nach diesen Erkenntnissen eine große Zufriedenheit mit sich selbst und der Welt.

"Es kommt darauf an, wie man das möglicherweise Absurde persönlich auffüllt" befand er und belehrte auf diese Weise seinen unsichtbaren Gesprächspartner "Nimm dir ein Beispiel an den Clowns. Sie präsentieren dem Publikum Unlogik und Groteske, Niederlage und Scheitern, und sie beginnen immer wieder auf Neue. Gerade deshalb können wir über sie lachen.

Wie arm wäre die Welt ohne die umfassende Lebensweisheit der Clowns?"

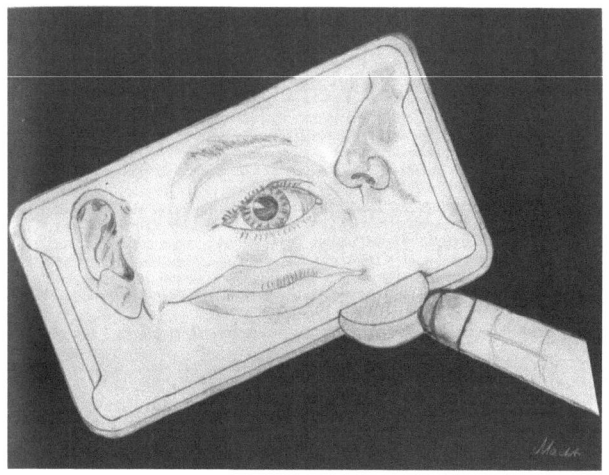

Sinn-Bilder

Irgendwann im Laufe der langen Jahre seiner beruflichen Tätigkeit hatte Energon sein "sinnliches Kontrasterlebnis" – so nannte er Erfahrungen, über die wichtige Weichen für seine Lebensbahn gestellt wurden. Energon konnte sich nicht mehr erinnern, wann und wo es passiert war. Das Geschehen selbst sah er jedoch noch deutlich vor Augen, so als sei es gerade erst abgelaufen. Man hatte sich zu einer Weiterbildungsveranstaltung über moderne Erfassungs- und Kommunikationstechnik getroffen. Hunderte von Befehlen zur Bedienung von Apparaturen wurden erläutert und teilweise eingeübt. Draußen brannte die Sonne mit einer Intensität von ihrem höchsten Punkt am Firmament herunter, als wolle sie alle Welt von der Plage und Nutzlosigkeit der gerade verrichteten Arbeit überzeugen. Energon war schon lange nicht mehr bei der Sache. Mit zunehmender Ablehnung reagierte er auf Sätze und Begriffe der Referenten und Diskussionsredner. Auf funktionelle Totalerfassung des Datenraumes komme es an, hörte er. Man müsse sich mit allen Sinnen auf Nachrichten und Programme konzentrieren, sonst ergäben sich 'result-' und 'follow-up-Probleme'. Jeder Entscheidungs- und Wahrnehmungsprozess ließe sich bei genügender Sorgfalt in notwendige und logische Einzelschritte zerlegen und dann wiederaufrufen ... etc.

Worüber redeten die Menschen um ihn herum überhaupt? Welches Welt- und Empfindungsbild baute man auf? Würde außerhalb dieses Raumes überhaupt irgend-jemand ihre Sprache verstehen? Energon dachte an das biblische Babel, an den Verlust des Einklangs mit der Welt und an die Sprachverwirrungen sowie an die Verirrungen des Geistes, die den Menschen den Weg zu der ursprünglichen Erfahrung des lebendig-erfüllten Daseins verlegt hatten. Aller Zauber war der Welt entrissen worden, um sie als Dinge ergreifen und für profane Zwecke 'verarbeiten' zu können. Aber entzauberten sich damit die Menschen nicht selbst? Energon entsann sich der Erzählungen der Alten, wie sie, ohne eine Sprache zu gebrauchen, verstehen konnten, was als Botschaft für sie bestimmt war: Flehende und bittende Blicke der Tiere und Menschen; den Ausdruck von Freude in den Bewegungen der Hände und des Körpers; nahende Momente des Leids und der Erfüllung in der intuitiven Wahrnehmung.

Über der Welt lag tatsächlich ein mystischer Zauber, der alle vereinte, die ihn entdeckten. Wer in der Sprache der Mystik (wörtlich: die Augen verschließen) 'redete' und 'hörte', brauchte keinen Übersetzer.

Energon kannte diese Form der Empfindungsfähigkeit seit seinen frühen Kindertagen. Er konnte in Wahrnehmungen schwelgen, wenn er sich ihnen öffnete. Dann trank er die Tautropfen auf Blättern und Blüten und versank in ihnen. Er tanzte mit Blumen und Faltern, ritt auf Sonnenstrahlen, ließ sich von den Wolken des Himmels schaukeln.

Man konnte in allem und an allem Tausende von Botschaften aufnehmen, wenn man Chiffren und Symbole verstand. Jede aufblühende Knospe, jeder reißende Bach, jedes Lächeln und jede Bewegung konnten Zeichen sein, einmalige oder ewige Metaphern in einer überkulturellen und überhistorischen Kommunikation.

In seinem "Kontrasterlebnis" wurde Energon dies wieder einmal deutlich. Der Bildschirm, auf den er – unter gänzlich anderen Voraussetzungen – im Moment starrte, ließ eine Fülle von Sinneseindrücken zu: das satte Grün der Hintergrundfarbe, piepende und schnarrende Geräusche, den sanften Gegendruck bei der Arbeit mit der Tastatur, verschiedene Temperaturempfindungen oder Buchstaben und Wortfolgen, die sich nach jeweils unterschiedlichen subjektiven Regeln zu Hinweisen und Aussagen kombinieren ließen.

Energon spielte das faszinierende Spiel der Konstruktion von Sinn-Bildern. Er kombinierte die Wahrnehmungen der verschiedenen Körpersinne und erforschte seine Reaktionen. Das Grün des Bildschirms suggerierte ihm Weite und Ruhe und er blickte über das eng begrenzte Rechteck hinaus auf Wiesen und Felder, auf Gärten und Wälder. Die Geschwindigkeit und Unaufhaltsamkeit, mit der jede Bewegung eines seiner Finger auf der Tastatur registriert sowie in Wirkungen umgesetzt wurde, machten ihm bewusst, wie schnell er mit seinen Handlungen beeinflussen und Veränderungen erzeugen konnte.

Energon spürte die machtvolle Sanftheit seiner Hände, die so vieles einrichten, aber auch manches anrichten konnten. Er wollte sein Tastgefühl ebenso steigern wie akustische und optische Wahrnehmungsfähigkeiten. Auf diese Weise ließen sich alle sich ihm darbietenden Empfindungen 'verdichten'. Minuten später entdeckte er die Schriftbilder auf dem Bildschirm als Nachrichten, die nicht nur ihm galten. Ein

Plakatträger schien deutliche Botschaften für die Menschheit in plastischen Lettern darzubieten.

"Irrtum", war dort zu lesen; "suche einen anderen Pfad" lautete die unmissverständliche Aufforderung. Hier wurde die Bestätigung für Energons grundlegende Missbefindlichkeit geliefert. Weiß auf grün war es zu lesen: Er und vielleicht auch die Menschheit hatten mit der aktuellen Tätigkeit offenbar eine falsche Richtung eingeschlagen, weg vom Sinn.

Beim nächsten suchenden Tasten ertönte ein warnendes Pfeifen und wieder las Energon wie von unsichtbarer Hand geschrieben s e i n e Nachricht; "Lies die Anordnung" war dort zu lesen. Energon wusste, ohne überlegen zu müssen, was dies hieß. Sein Innerstes, sein Wollen, sein Handeln, sein Hoffen hatte er auszurichten auf erfahrbare 'Anordnungen'. Denn was bedeutete schließlich eine Anordnung mehr (oder weniger) als eine sinnlich wahrnehmbare Ordnung in der Welt um ihn herum, die ihn anging. An-Ordnungen waren an ihn gerichtete natürliche Aufforderungen des Seins.

Energon konnte sich jetzt vollständig in diesen Sinnbildern aufgehen lassen. Die Farben sogen ihn auf, ließen ihn sich unendlich ausbreiten, entflammten ihn oder bedeckten ihn mit nächtlichem Dunkel. Schallfrequenzen bahnten sich Wege zu seinen inneren und äußeren Schwingungen, suchten Harmonie und deckten Disharmonien schonungslos auf. Luftströme forderten seine Atmung heraus und – umgekehrt – ließen sich über die Kraft seiner Lungen beeinflussen. Der Wille und die Welt fanden in solchen Momenten in ihm zu sich. Er, der unbedeutende Mensch Energon, war notwendiger Mittler. Ohne ihn würde alles vorhandene Streben wiederum um ein Zentrum weniger ziellos verpuffen.

In der frustrierten Abwendung von der menschlich konstruierten technischen Kunstwelt hatte der Zweifelnde eine wichtige Weisung entschlüsselt. Jeder Mensch war letztlich sein eigener Lebenskünstler, Lebensbaumeister und Lebenskritiker. Wie vor einer riesigen Leinwand entwarf er mit den Werkzeugen seiner Sinne vergängliche Werke, komponierte flüchtige Lebensmelodien und kurzfristige Sinngebungen. In dieser Fertigkeit galt es vom Lehrling zum Meister aufzusteigen, wenn das Leben gelingen sollte. Energon gab sich daher immer neue Aufträge zur Erfassung von Sinnbildelementen und zur tieferen und intensiveren Erfahrung seines 'Selbst'.

Nicht selten schrieb er dann Fragen und Aufgaben in ein kleines Notizbuch, das er ständig bei sich trug:

"Wie schmeckt Kummer? Welche Farbe hat die Glückseligkeit? Welche Spannung der Muskulatur drückt Ärger an welchen Körpergliedern aus? Wie klingen Worte und Töne des Friedens? Was nehme ich wahr, wenn ich mir bestimmte Personen vorstelle

(Vater, Mutter, Gott, mich selbst ...)? Wie berühren meine Hände mein Gesicht oder das Gesicht eines anderen Menschen und was empfinde ich dabei? Was geschieht, wenn ich die Identität des Rauschens des ewigen Windes und des innersten Rauschens in mir selbst postuliere?"

Energon bereitete es ein unbeschreibliches Lustgefühl täglich immer wieder neue Sinn(es)bahnen zu öffnen und deren Eröffnung zu fordern. Wie von selbst verschmolzen dann die unterschiedlichen Eindrücke zu spontanem Verstehen. In der Regel konnte er nach solchen erfüllenden Erfahrungen kaum Erklärungen liefern oder ihm gestellte philosophische und gesellschaftliche Grundfragen besser beantworten. Energon hatte einfach das verstanden, was sich über die gesprochene Umgangssprache der Menschen weder greifen noch weitervermitteln ließ. Oftmals antwortete er den Fragenden und Wissbegierigen mit einer Aufzählung und intensiven Schilderung seiner Empfindungen, ohne daraus logische Gesamtdarstellungen zu konstruieren. Den Analytikern und Spöttern, Wissenschaftlern und Forschern belegte er, wenn diese auf Begründungen (kausalen Herleitungen und Verknüpfungen) beharrten, seine Aussagen in der Regel mit einem einzigen kurzen Satz:

"Es kam mir in den Sinn", gestand er dann und lächelte eher wissend als verlegen. Und jeder, der Energon vertraute, begriff, was er mit dieser Feststellung meinte. Das, was letztlich zu weltlichen und menschlichen Sinnfaktoren verarbeitet wird, passiert zunächst als Sinneseindruck unserer Wahrnehmungsorgane. Wie viele Quellen der Lebenserfahrung versiegen schon hier, dachte sich Energon. Seinen Schülern gegenüber pflegte er dann mit scheinbar warnend erhobenem Zeigefinger zu dozieren:

"Ihr tragt Augenklappen und Ohrstöpsel, verschließt Nase und Mund, stülpt euch dicke Handschuhe über die Finger und kappt jegliche innere Verbindung ab zum Walten des Absoluten in und über euch. Wie aber wollt ihr jetzt, außer über eure Kunstprodukte Wissenschaft und Technik, den Weg zur umfassenden Einsicht einschlagen?"

Selbstannäherung

Die schemenhafte Gestalt, die wie ein zu hell geratener Schatten jede seiner Bewegungen nachvollzog, ließ sich nicht abschütteln. Wenn er still und abwartend verharrte, tat sie das gleiche oder lief einige Meter auffordernd voraus. Versuchte er mit schnellen Schritten, sich zu entfernen, beeilte sich der Verfolger, ihn nicht zu verlieren. Manchmal bemerkte er, wie er beobachtet, begutachtet, wie sein Verhalten anerkennend begrüßt oder auch belächelt und abgelehnt wurde. Alle Versuche, den ungewollten Begleiter zu stellen und zu erkennen, schlugen fehl, denn es gab keine Möglichkeit des Austausches von Worten oder Gefühlen.

Energon kannte diese 'Vision' nur zu gut. In seinen Träumen und in den Dämmerstunden der Tage hatte er oft diese oder ähnliche Begegnungen erlebt. Längst hatte er es aufgegeben, seinem "Ich-Freund", wie er die rätselhafte Gestalt inzwischen fast liebevoll nannte, näher zu kommen. Energon wusste, dass dieses Wesen zu ihm gehörte wie seine Arme oder seine Beine, dass es aber wesentlich schwieriger zu fassen und zu begreifen war.

Früher hatte der Wissbegierige häufiger mit wissenschaftlichen Begriffen und Sprachzuordnungen gearbeitet, um in Gegenüberstellungen das Wechselverhalten von Ich und "Ich-Freund" zu erschließen. Energon gab seinem "Ich-Freund" die unterschiedlichsten Namen, Er nannte ihn 'Ich-Gestalt', 'Man-will-mich-Ich',

„Ich soll-Ich", Identität, 'Spiegelbild-Selbst' oder auch, eher nüchtern und sachlich, sein 'Außen-Ich'. Diesem gegenüber stand das nur ihm allein bewusste 'private Ich', das Zentrum seines Fühlens und Denkens, die tiefste Begründung seiner selbst, sein Selbst.

Durch seine Tage und Nächte bewegte sich Energon demnach immer als Doppelgestalt: er spürte sich und er spielte seine Alltags-Rollen. Er lebte als ein für die anderen abgrenzbares 'Du' und als unergründliches, nicht eingrenzbares Selbst.

Alle Bemühungen, die zweifache Bestimmung seines Existierens zur einfachen zurückzuführen, sah Energon aus diesem Grunde als überflüssig an. Solche Schritte konnten lediglich der Verschleierung der Wirklichkeit dienen. Er liebte es vielmehr, mit Menschen unterschiedlichster Gruppenherkunft zusammenzusitzen und Fragen nach sich selbst zu stellen.

"Wie seht oder fühlt Ihr mich? Was erwartet ihr von mir? Welche unausgesprochenen Aufforderungen sende ich euch herüber?"

Die ersten Reaktionen, die Energon auf diese ungewöhnlichen Informationswünsche wahrnahm, waren in der Regel Verwirrung, Sprachlosigkeit sowie vorsichtige, allgemeine und 'neutrale' Beschreibungen,

Seine Freunde und Familienangehörigen hatten Spaß und Interesse an diesen 'Ich-mich-Spielen' (auch 'Ich-habe-mich-Du-willst-mich-Spiele' genannt) gefunden und forderten Ihrerseits zu entsprechendem Verhalten auf. Einige waren sogar dazu übergegangen, in ihren Bezugsgruppen in regelmäßigen Abständen Termine einzurichten. Man saß dann im Kreis oder um einen großen Tisch herum zusammen und besprach Eindrücke, Wünsche, Gefühle, Gedanken. Man rekonstruierte Selbst- und Fremdbilder der anwesenden Personen und zog kritische Vergleiche.

Wenn er sich in größeren anonymen Gruppen aufhielt - in öffentlichen Verkehrsmitteln, in Geschäften, bei Versammlungen oder Spaziergängen in den sonntäglich belebten Parks - ging Energon gern noch einen Schritt weiter. "Ich bin stets das Objekt der anderen", stellte er dann fest. Fast erregt suchte er den Blickkontakt zu den Vorübergehenden. Galten dieses Lächeln, dieser abschätzende Blick, dieses Innehalten im Bewegungsablauf ihm? Wie reagierte er darauf? Energon wusste, dass er in diesem Falle kaum direkte Fragen stellen konnte. Wie erstaunt würde der andere sein, vielleicht auch ärgerlich aufgrund der Störung, wenn Auskunft darüber verlangt würde, ob der verbindende Blick eher Freundlichkeit oder Ablehnung, eher Interesse oder Desinteresse zum Ausdruck bringen solle. Energon war darauf angewiesen, diese Dialoge mit sich selbst zu führen und dabei möglichst intensiv zu beobachten, um 'objektiv' bleiben zu können.

In sein Notizbuch schrieb Energon einmal folgende Bemerkungen: "Wir haben uns nicht allein; der andere hat mich und ich habe ihn; in der Gemeinsamkeit des 'Wir' finden wir uns."

Es musste also gezielte Entwicklungsstrategien auf den Wegen der Selbstannäherung geben. Diese hatten vorerst vom Wir-Empfinden auszugehen. Man musste zunächst Fragen wie die folgenden beantworten: Wer gestaltet und formt mich in welcher Weise? Wie weit reicht mein Einfluss auf die Gestaltung meiner Persönlichkeit? Wie viel Energie verwende ich für welche Außenwirkung? Welche 'menschlichen Spiegel' benutze ich, um mich darin zu betrachten? Wodurch fühle ich mich herausgefordert? Was macht das Zentrum meiner Selbstentwürfe aus?

Auf diese Weise, das wurde Energon sehr früh bewusst, konnte er jedoch nur die Außenseite seines Selbst betrachten. Die Innenansicht musste, scheinbar unerreichbar, verborgen bleiben." Wisst ihr das Selbst jenseits seiner Bestimmungen durch die Erziehung, durch die Kultur, die Rollen und Alltagspflichten sowie außerhalb von Raum und Zeit zu beschreiben?" Energon stellte diese Frage oft. Einmal suchte er Rat bei einer Gruppe gelehrter Gesprächspartner. Von den Soziologen erhielt er den Bescheid, dass es außerhalb der gesellschaftlichen Bestimmungen keine betrachtenswerten Phänomene des Selbst gäbe. Die Psychologen verwiesen auf fundamentale Triebe und Emotionen. Die Theologen zitierten den unbegreiflichen Willen Gottes, der als tiefste Einheit des seelischen Erlebens in jedem Menschen walte. Die Philosophen erläuterten unterschiedliche Weltmodelle und Identitätsphilosophien - von der evolutionären Herausbildung des menschlichen Ich bis zur Einheit von Mensch und Kosmos,

Energon jedoch war unzufrieden über die vielfältigen, sich widersprechenden Aussagen derer, die er um Rat gebeten hatte.

"Jedem das Seine", schimpfte er leise vor sich hin, als er den Raum verließ, während die Gelehrten noch miteinander um die Wahrheit rangen.

Diese Worte waren kaum über seine Lippen gekommen, als Energon ihre Doppelsinnigkeit und ihren wahren Gehalt begriff. Natürlich, dies musste die Antwort auf seine Frage sein: Die Innenansicht des Selbst, das jedem Menschen unwiederholbar und einmalig gegeben wurde, war 'das Seine`! Die Einheit von körperlichem Dasein, sinnlichem Begreifen und seelischem Fühlen bedeutete in jedem Augenblick ein einmaliges Identitätserlebnis, das nicht in Gesetzen oder Theorien zu fassen war. Die tiefste Tiefe, die weiteste Weite, das hellste Licht, die finsterste Dunkelheit, alles musste zum Selbst führen.

"Man muss loslassen, sich fallen lassen, und sich überlassen können", fand Energon, "dann ist man innerlich bei sich selbst."

Das Fremdbild des Ich, das 'Außer-sich-sein', ist bestimmt durch seine Begrenztheit. Überall spürte man die Schranken und Regeln, die Erwartungen, innerhalb derer man sich zu bewegen hatte. Das selbsterfahrene Ich verlangt grenzenlose Bestimmungsfelder. Es hört nicht auf, sich auszubreiten und mit anderem die Verschmelzung zu einer umfassenden Einheit zu suchen.

Denjenigen, die diese Gedanken nicht begreifen konnten, pflegte Energon Selbsterfahrungsaufgaben zu stellen. Er bat sie, ihm die genauen Grenzen ihres Ich zu beschreiben. Wo begann und wo endete das Ich? Wo waren die Grenzlinien der Wärmeausstrahlung des Körpers sowie der Wirkintensität des Geistes zu ziehen?

"Ihr Menschen konstruiert willkürliche Trennungslinien und bereitet euch so eure Probleme selber", pflegte Energon zu dozieren. "Ihr errichtet Grenzen zwischen Ich und Du, zwischen Werden und Vergehen, zwischen Leben und Tod, zwischen Sinn und Unsinn und werdet euch über die fatalen Folgen eines derartigen Handelns nicht klar."

Der Kern des Selbst musste jenseits jeder Ausgrenzung liegen. Das Dilemma, vor dem das Ich sich immer wieder sieht, besteht darin, dass es sich in der

Selbsterfahrung seiner Einmaligkeit bewusst werden will, während die Außenwelt die Darstellung seiner 'Normalität' fordert. Damit steht der Einzelne vor der uneinlösbaren Doppelforderung, mit seinem Leben eine unterscheidbare Individualität aufzubauen, wiederum aber in seiner äußeren Erscheinung vergleichbar und einschätzbar zu sein. Energon gelang es selten, diese und ähnliche Schlussfolgerungen weiterzuvermitteln. Doch wie so häufig half ihm auch hier der Zufall, oder besser: die Beachtung des scheinbar Bedeutungslosen wies ihm den Weg.

Man hatte zusammen den Melodien einer Querflöte gelauscht und versunken in der Reinheit der Töne gemeinsam die öffnende Kraft der Musik erfahren. Sehr früh wurden Gefühle und Stimmungen verbalisiert sowie Gedanken ausgetauscht. Zum Erstaunen der meisten waren die Zuordnungen von Klang, Harmonie und Empfindungen vielfältig und widerspruchsvoll. Jeder verband auf eigene Weise individuelle Lebensvoraussetzungen und Musik miteinander zu einem persönlichen Erleben, Alle spürten, dass es weder Leitlinien noch allgemeinverbindliche Normen für ein Selbst, seine Erfahrungen und seine Entwicklungen geben konnte.

Energon hatte als einer der ersten wieder die Ebene der gedanklichen Verarbeitung und Ordnung erreicht. "Wie wir sehen und hören, ist das Selbst nicht feststellbar", betonte er. "Es stellt nicht mehr und nicht weniger dar als einen stetigen Prozess der Annäherung, der Überschneidung oder des Auseinanderfallens dreier Entfaltungslinien, die aufeinandertreffen. Auf unsichtbaren Bahnen, wie Gestirne, kreisen um einen unvorstellbaren Energiekern Aktivitäten des Entwerfens, Gestaltens und Erlebens. Diese Bahnen heißen: Umwelt und Wir-Welt; Selbstbetrachtung und Ichbestimmung; Kraftentfaltung und (noch) gestaltlose Triebenergie."

Die Identität, das Selbst und der Kosmos ließen sich also am ehesten symbolisch begreifen.

Energon hatte, während er dies sagte, zu Papier und Bleistift gegriffen und mit geschickter Hand einen dreidimensionalen Körper gezeichnet, der einer Weltkugel glich. Meridiane berührten sich nur auf Bruchteilen ihrer Bahnen. Tangenten erfassten und verließen kaum wahrnehmbar Kontaktpunkte. Die Leere der Mitte blieb ebenso auffüllbar wie jede Ebene der Kreislinien.

"Auf diese Weise geht ihr mit euch selbst um, mit den anderen, mit der Welt, mit Gott und mit dem Sein", gab ihnen Energon lächelnd zu verstehen. Für die meisten der Zuhörer blieb diese Symbolik aber so lange ein Rätsel, bis sie selbst den in ihr angelegten und präsentierten Auftrag annahmen. Dieser lautete: Nähere dich an und lasse los, um dich wiederum annähern zu können. Ziehe Kreise um dein Selbst, aber erliege nicht der Versuchung, es festzuschreiben.

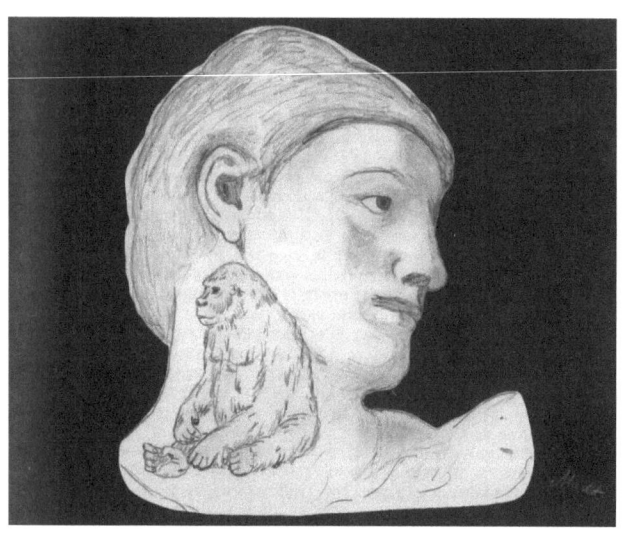

Hier ist ein Mensch

Seit sein Körper mehr als sechs im menschlichen Kalender abstreichbare Jahrzehnte durchlebt hatte, brauchte Energon weniger Schlaf. Manchmal konnte er vor zwei oder drei Uhr nachts die Augen nicht schließen; an anderen Tagen wachte er schon mit den ersten morgendlichen Frühgesängen der Amseln auf, wiederum gab es auch Nächte, in denen er überhaupt nicht schlief oder ruhte. Der Alte war darüber jedoch in keiner Weise besorgt. Sein Organismus kam mit immer weniger Stunden aus, um zu regenerieren. Die Natur beschenkte ihn damit mit wertvoller Zeit des bewussten Lebens, die er nur zu ergreifen und zu nutzen brauchte.

Nicht selten begab sich Energon dann auf ausgedehnte Spaziergänge durch die nächtlichen Straßen, Wege, Felder und Wälder. Er genoss die Entspanntheit der ruhenden Kreatur und Natur und nahm begierig möglichst viel von ihr in sich auf. Er erfasste Sinnmomente, die in diesen Stunden durch besitzergreifendes menschliches Tun nicht verändert werden konnten. In vollen Zügen schluckte, sog, lauschte, erblickte und erspürte in sich hinein, was die wenigen ihm begegnenden, oft alkoholisierten Gestalten um diese Zeit auf andere Weise an Lebenstiefe und -freude hatten ergreifen wollen.

Energon lebte in diesen Nächten auf. Das umgreifende Gefühl der Dankbarkeit bremste oft seine Schritte und ließ ihn nicht selten innehalten. Vor unterschiedlichsten 'Dialogpartnern' blieb er dann stehen. Er führte ein Gespräch mit einem zerbeulten Abfallbehälter und wollte Einzelheiten über dessen Alltag wissen: "Was wirft man oft achtlos in dich hinein? Wie oft treten dich Menschen und was täten sie ohne dich? Wann wirst du überquellen von dem zunehmenden Wohlstandsmüll unserer Tage?" Er ließ alte Hausfassaden von den Geschichten der Generationen von Bewohnern erzählen, deren Privatleben sie versteckten. Zwischen wogenden Ährenfeldern empfand er die millionenfache Lebendigkeit des Wachsens und Werdens der Natur im Dunkel der Nacht. Eine der liebsten Beschäftigungen war Energon aber das Gespräch mit nichtmenschlichen Mitgeschöpfen, die er in der Ruhe der frühen Morgenstunden beobachten und zum Erfahrungsaustausch einladen konnte.

In seiner Kindheit und Jugend hatte er fasziniert den Legenden über Franziskus und seine Unterhaltungen mit den Vögeln des Himmels zugehört. Mit zunehmendem Alter durfte er erfahren, dass dies mehr als eine fromme Heiligen- und Wundergeschichte sein musste. Wenn er nur wollte, so konnte er ebenfalls die hundertfach verschiedenen Gesänge, die Lock- und Warnrufe, Flug- und Schrittsignale auseinanderzuhalten lernen. Und Energon machte es sich zur Aufgabe, in diesen Nächten eine seltene Fremdsprache zu studieren. Er musste allerdings sehr viel Geduld für seine gefiederten Dialogpartner, aber auch für sich selbst aufbringen. Einmal flogen jene verstört und erschrocken davon, ein anderes Mal gab er selbst gereizt oder erschöpft auf. Erst der alte Energon – nach unzähligen erfolglosen Versuchen hatte er wieder einmal mehr als zwei Stunden in der Nähe einer Gruppe von Sperlingen auf dem Boden gehockt – bekam seine Chance und er zögerte nicht, sie zu ergreifen.

Die Vögel kannten Energon nunmehr seit vielen Jahren, betrachteten den Alten längst nicht mehr als Feind und ließen sich durch seine Anwesenheit kaum noch stören. Sie schwatzten scheinbar angeregt miteinander, ohne den gewohnten Nichtartgenossen näher zu beachten. Doch Energon bemerkte, dass es in den Dialogen des Zwitscherns und Kreischens, des Hüpfens und Flatterns um ihn gehen musste.

Die Tiere hatten ihn sich zum 'Thema' gemacht, ohne dass er sich wehren oder an der Unterredung teilhaben konnte.

"Das ist ein Mensch", meinte er jetzt zu verstehen und Energon erstarrte vor ehrfürchtigem und noch ungläubigem Erstaunen. "Was ist das, ein Mensch?", zwitscherten die jungen Sperlinge neugierig. "Ein Mensch ist ein Mensch, so nennen sie sich halt; er glaubt daran, eine Seele eingehaucht bekommen zu haben, wie kein anderes Geschöpf", philosophierte ein größerer, würdevoll daherschreitender Vogel. Ein anderer fiel ihm ins Wort: "In Wirklichkeit wissen die Menschen aber selber nicht, was und wer sie sind. Sie meinen, sie wären die Krone der Schöpfung, und doch beachten und kennen sie die Natur nicht wie wir Tiere. "Sie sind Nichtsnutze", schimpfte ein zerrupfter, alter Vogel in der hintersten Reihe, "sie wissen nicht einmal etwas Sinnvolles mit sich selbst anzufangen."

"Du Mensch, du Mensch" trillerten die Kleinen höhnend und herausfordernd, "wenn du uns verstehen kannst, erzähle uns von dir, was du mit dir gemacht hast und was du mit dir vorhast!"

Energon hatte dieses Geschehen wie im Traum erlebt und erst als ihn von dem ungewohnt langen Hocken Knie und Fußsohlen schmerzten, akzeptierte er, dass dies, was ihm im Moment widerfuhr, Wirklichkeit und bewusste Erfahrung war. Betroffen schwieg er. In vielen Vorträgen hatte er in seinem langen Leben über das Wesen des Menschen geredet. Was aber konnte er davon diesen jungen Sperlingen anbieten? "Ja ich bin, ich bin ein Mensch", stotterte der als weise geltende Alte, "und hier hocke ich jetzt vor euch, gebeugt von vielen Jahren des Menschseins und ich weiß nicht einmal, was ich euch erzählen und erläutern soll."

Halb zu den tierischen Gesprächspartnern gerichtet, halb in sich selbst und in seine Gedanken versunken, begann Energon einen langen Monolog. "Hier ist ein Mensch. Seht Ihn euch genau an. Wie er, alt und schwach geworden, kaum längere Zeit im Grase bei euch hocken kann, ist dies seine Würde? Er hat gelebt über Tausende von Tagen, Zehntausende von wunderschönen Morgenstunden wie diese hat er einfach verschlafen oder 'verarbeitet'. Was unterscheidet diesen Menschen nach den vielen Jahren des Wachsens und Reifens von euch, denen nur wenige Sommer als Lebenszeit zur Verfügung stehen? Gibt es einen Wesensunterschied zwischen euch Sperlingen und uns Menschen? Wir haben gelernt und ich habe weiterverbreitet, dass der Mensch im Gegensatz zum Tier über sich hinaus denken, sich selbst zum Gegenstand seines Begreifens aufbauen, sich von allem Gegenwärtigen lösen und auf etwas Zukünftiges, auch Ewiges hin entwerfen kann. Weiß ich denn, dass ihr dazu nicht in der Lage seid? Außerdem, was habe ich 'Mensch' verlassen, um mich diesem scheinbar rein menschlichen Auftrag zu widmen? Ich besitze kein natürliches Nest mehr in den Feldern und Wäldern und verbrauche viele Jahre meines Lebens, um mir ein künstliches zu bauen und es auszustatten. Ich habe meine Unmittelbarkeit zu meinen Instinkten und jahrtausendealten Antrieben verloren und suche nach wissenschaftlichen Erklärungen meines Tuns. Hier ist ein Mensch, der viel über sich schreiben und reden kann, der aber in seinem Leben ständig auf der Suche nach sich selbst bleibt. Was ich mit wir gemacht habe, in meiner langen Biographie, wollt ihr von mir wissen?

Wisst ihr, ihr stimmt mich damit sehr nachdenklich. Innerste Anlagen habe ich zu erfassen und zu vervollkommnen versucht, Damit bin ich immer schon einem unbegreiflichen und nicht festgelegten Menschheitsideal hinterhergelaufen. Ja, ich muss euch sogar gestehen, dass ich dieses 'Ich bin' lange Zeit nicht richtig verstanden habe. Erst ihr Sperlinge und andere eurer kreatürlichen Kameraden haben mich dazu gebracht, darüber nachzudenken. Morgen für Morgen zeigt ihr mir mit eurer unbeschwerten Vitalität, was es heißt zu 'sein'. Beschämt, aber nicht zu spät für Veränderungen, musste ich dies feststellen. Ich habe existiert, ohne mich 'sein lassen' zu können. Ich stand und entwickelte mich auf etwas nicht näher Bestimmtes hinaus und begriff meine Verankerung in einem umfassenden Wesen nicht.

Hier ist, vielmehr hier entwirft sich ein Mensch, der dies vor euch eingesteht, der seine Aufgabe, Mensch zu sein, immer noch zu erfassen sucht. Verglichen mit euch bin ich weder weiser, was die Nähe zum Lebenssinn angeht, noch größer, was dessen Erreichen betrifft. Hier ist ein Mensch, der euch seine Schwäche und Unvollkommenheit zeigt, seine Unwissenheit und seine oft nur künstliche Lebendigkeit. Wie kann dieser Mensch vor eurer unbekümmerten Lebensfreude bestehen? Sollte er nicht euch um. Belehrung und Aufklärung bitten?"

Während er redete, hatte Energon kaum gewagt aufzublicken und sprach eher

zu sich selbst als zu den kleinen Zuhörern. Daher erwartete er auch, dass mit zunehmender Länge seines Monologs die Sperlinge gelangweilt davongeflogen wären. Er war umso überraschter, als er aufschauend die gesamte Schar der gefiederten Gesprächspartner auf einem nahegelegenen Mäuerchen sitzen sah. Die Köpfchen aufmerksam zur Seite geneigt, mit wachen Augen und leisem Zwitschern untereinander begleiteten sie Energons Sätze.

Nach langen Minuten der erwartungsvollen Stille auf beiden Seiten hüpfte der ältere, erfahrene Sperling, der Energon schon zu Beginn aufgefallen war, einige wenige Meter näher an ihn heran.

"Hier ist also ein Mensch", bedeutete er den anderen Vögeln. "Er hat sein Leben offenbar dazu benutzt, sich in der Schöpfung dort einzuordnen, wo er nach dem unergründlichen Plan der All-Natur zugeordnet werden muss. Er sucht die Ähnlichkeit zu uns und nicht die Verschiedenheit von uns wie viele seiner Genossen. Was haltet Ihr davon, Geschwister, wenn wir ihm dabei helfen, damit er auf seinem erfolgversprechenden Weg weitergehen kann?"

Ein allgemeines Kreischen, Zwitschern, erregtes Hin- und Herhüpfen und Hin- und Herflattern setzte ein, das Energon als Zustimmung zu deuten meinte. Dann gab einer der Sperlinge, indem er die Flügel ausbreitete und sie auf- und abbewegte, das Zeichen zum Abflug. Sekunden später war die gesamte Gruppe in den Wipfeln der Bäume des nahegelegenen Wäldchens verschwunden.

Energon wurde bewusst, dass er nahezu ein komplettes Menschenleben gebraucht hatte, bis er sein Menschsein begriff. Natürlich hatte ihm keiner seiner Mitmenschen die entscheidende Erkenntnis liefern können, denn sie waren wie er: Mitsuchende. Er brauchte die Kommunikation mit dem nichtmenschlichen Leben, um sich ab- und ausgrenzen zu können. Die Zusicherung hatte er heute erhalten. Zunächst würde er seine Unvollkommenheit und seine Schwächen im Vergleich entdecken, erst danach würde er darangehen können, sein Menschsein positiv aufzufüllen.

Eine Unbescheidenheit gestand Energon sich allerdings zu: Es gab unterscheidend Menschliches und in seinen langen Lebensjahren hatte er bewusst und unbewusst nach entsprechenden Setzungen gelebt. Es kam jetzt darauf an, rückblickend Ordnung zu schaffen. Und warum sollte er dazu nicht die angebotene Hilfe aller Kreaturen in Anspruch nehmen?

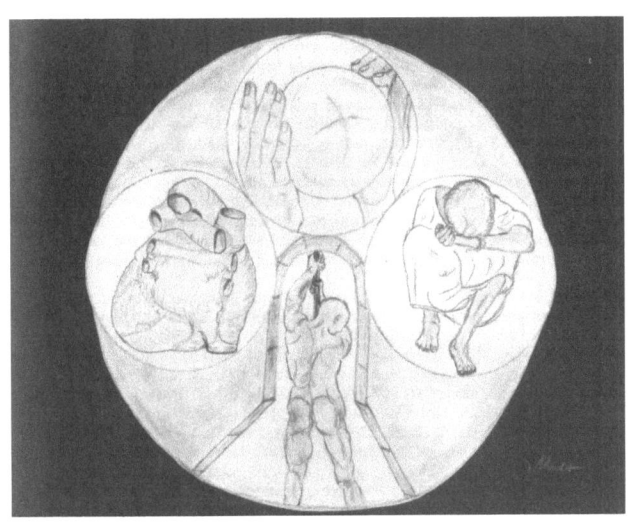

Die drei Prinzipien

Es kam die Zeit, da Energon spürte, dass ihm nicht mehr viel Kraft verblieb, den Funktionszustand sowie das Zusammenspiel der Organe seines Körpers aufrechtzuerhalten. Die komplizierte Einheit, zu der eine Unzahl und Vielfalt von Einzelzellen in seinem einmaligen Ich zusammengefunden hatten, sollte bald wieder aufgelöst werden zur Mannigfaltigkeit des einfachen Lebens. Energon empfand mit zunehmender Bewusstheit des nahenden Übergangs immer weniger Angst oder Sorge um sich selbst. Die Natur würde Neues geboren werden lassen aus den Elementen der

Einheit, die er war. Die Energie ebenso wie die kosmische Idee, die ihn getragen hatten, sollten und konnten nicht verloren gehen, sofern er nur bereit war, ihren Ortswechsel zuzulassen und mit den letzten ihm zur Verfügung stehenden Kraftreserven zu ermöglichen.

Sowenig er eine Bedeutung darin sah, sich dem notwendigen und von Beginn seines Bewusstwerdens an für ihn bestimmten Weg zu widersetzen, so sehr entdeckte Energon jedoch das Verlangen nach geistiger Abrechnung mit seinem Leben und seiner Existenz. Der Alte wollte auf seine Jahre zurückblicken, wie in einem Bilderbuch der Erinnerung blättern und von seinem erreichten Stadium der Lebensweisheit aus seine Geschichte neu ordnen. Dies wollte er nicht so sehr leisten im Hinblick auf seine Hinterlassenschaft für Schüler und Freunde. Vielmehr wollte Energon sich selbst das Geschenk bereiten, zufrieden und wohlbedacht abschließen zu können, was vor Jahrzehnten ohne seinen erklärten Willen begann.

Wenn er die verschiedenen Stadien seines langen Lebens betrachtete, gab es eine Reihe von Grunderfahrungen, die er sammeln durfte und auch existenziell in Lebenswirklichkeit umsetzen konnte. Geboren zu werden hatte er als nicht nur einmaliges Geschehen, sondern als sich täglich, manchmal sogar augenblicklich wiederholbares Wunder begreifen dürfen. Denn aufgrund seines tiefen Einfühlungsvermögens war er in der Lage, die ständigen Erneuerungsprozesse in sich selbst und um sich herum wahrzunehmen. Er konnte dann nahezu unendliche Male erwachen in neuen und faszinierenden Lebenssituationen.

Seine Vernunft und seine Lebensemotionen lieferten ihm eine Fülle von Kombinationen des Puzzlespiels, genannt 'persönliches Dasein'.

Schon der Junge Energon hatte sich selbst und seiner noch überschaubar kleinen menschlichen Mitwelt zeigen und vorleben können, dass Kindlichkeit und Beweglichkeit auch zu den Qualifikationen der Erwachsenen gehören mussten, wenn diese sich dem Leben und seinem Facettenreichtum öffnen wollten.

Die Erkenntnis der Welt und des eigenen Selbst erforderte, so hatte Energon immer wieder verlangt, viele Momente der einsamen Betrachtung und Auseinandersetzung. Schließlich musste er selbst noch als alter Mann begreifen, dass die Suche nach sich selbst durch immer wieder erneute Anläufe, Entfernungen und Annäherungen charakterisiert war. Letztlich war ein Ergreifen der Wirklichkeit im umfassenden Sinne nur vorübergehend und eher über Bilder und Symbole als über den menschlichen Verstand möglich.

Energon hätte im Vergleich zum Leben vieler anderer Menschen sehr zufrieden sein können mit der geistig-seelischen Auffüllung seiner Tage. Allerdings, was ihm fehlte, war eben jenes grundlegende Erfassen seiner Existenz, das rationale Begreifen der zunächst unbewussten Lebensvorgänge. Die spezifische menschliche Leistung, die ausgrenzbare individuelle Identitätsbestimmung, musste doch die abstrahierende Verarbeitung der Lebenseindrücke darstellen. Wenn er sich zurückversetzte zu den ersten Anfängen seiner Selbstergreifung, noch in der geschützten Umwelt des mütterlichen Körpers, musste er finden, was er suchte. Schon zu diesem frühen Zeitpunkt hatte Energon, in diesen Tagen noch namenlos, in und mit sich selbst Prinzipien entdeckt, nach denen er leben sollte. Er wollte jetzt überprüfen, inwieweit seine eigene Biographie diesen schon sehr früh an sie herangetragenen Anforderungen standhalten konnte. Ebenso wollte er aber auch über das Ende seines jetzt erfahrbaren körperlichen Ordnungszustands hinaus prüfen, ob diese Grundsätze seiner Hoffnung auf ein reines, nicht begreifbares 'Wohin' standhielten.

*** Das erste Prinzip***

Der noch Ungeborene hatte sich zunächst einem doppelten Anspruch unterworfen, den er für sich selbst immer wieder einfordern wollte; dem Willen zum Leben und dem Willen zum Wissen. Schon vor seiner Existenz für-sich-allein, das heißt in der noch nackten Welt, w o l l t e Energon sich selbst. Sein unbedingtes Verlangen richtete sich auf die Auffüllung des in ihm spürbaren grundlegenden Lebenswillens. In seinem Dasein hatte er immer wieder seine eigene

Lebendigkeit zum zunächst ungerichteten Ausgangspunkt seines Strebens erklärt. "Ich bin Leben, das leben will". Diesen Satz, den Albert Schweitzer geprägt hatte, benutzte Energon nicht selten, um die Voraussetzungen seiner Ich- und Alltagsentwürfe deutlich zu machen. Er war vorerst, bevor er nicht selbst zu zergliedern und aufzubauen begann, lediglich unbändige Lebensenergie. Damit besaß er eine unverbaubare Brücke zu allem Mitlebendigen. Er konnte Erfahrungen sammeln, die in der sich ihm öffnenden Natur und Kreatur gründeten. Ebenso entwickelte er auf diese Weise seine ähnlich strikte ethische Einstellung der Achtung aller Lebendigkeit, die ihm vielfache Momente der inneren Erfüllung schenkte.

Der Wille zum Leben wies ebenso wie der Wille zum Wissen über den Einzelmenschen Energon hinaus. Leben in ihm konnte nur einen Sinn besitzen, wenn es mit seiner Existenz nicht unterging. Sein Wissen ging aus auf unendliche Geheimnisse und Gesetzmäßigkeiten, die er in den wenigen Jahrzehnten seines persönlichen Daseins niemals würde ergründen können. Mit seiner Existenz hatte er wie ein Kind Fragen gestellt, die auf eine umfassende Weisheit abzielten. Mit dem Abschluss seiner Existenz und dem erwarteten Neubeginn erhoffte er die Möglichkeit zur analysierenden Einsicht des Erwachsenen. Das Wissen musste in einer höheren Ordnung aufgehen, sonst wären alle menschlichen Bemühungen nicht mehr als bedeutungs- und ziellose Versuche, die begrenzte Zeit der existenziellen Erfassung der Wirklichkeit mir Relativem aufzufüllen. Leben und Wissen bestätigten sich selbst in der Biographie und im Überschreiten der vernunftmäßig erfassbaren Eigenwelt des fragenden Energon. Und dieser war zufrieden mit sich und dem, was ihm geschenkt wurde.

Das zweite Prinzip

Immer wieder hatte man von Energon in seinem Leben konkrete Festlegungen und Absichtserklärungen verlangt. Nicht selten gab es Anklagen, Kritik, Enttäuschung, wenn der Gefragte Antworten schuldig blieb oder aber, wenn er nur sehr allgemeine Hinweise gab. Nur wenige verstanden die tiefe Weisheit des Alten, wenn dieser auf das zweite seiner Prinzipien verwies, auf die Unentschiedenheit. Sein Lebenslauf zeigte nicht die frühe Ausrichtung auf eine vorhersehbare und kalkulierbare Karriere. In jedem Jahr, häufig an jedem Tag seines Lebens blieb er das, was er 'umfassende Möglichkeit' nannte. Wenn Energon zurückblickte, so erkannte er, dass er gerade der Treue zu diesem Lebensprinzip die ungeheure Vielfalt seiner Erfahrungen, Aufgaben und Einsichten verdankte. Sein Dasein wurde mit ihm geboren als 'Möglichkeit da-zu-sein', Möglichkeit ließ sich kaum vernichten, lediglich blind verneinen oder ignorieren. Mit ihrer Aufgabe würden Tausende von Facetten einer vielfältigen Lebendigkeit grundlos verschenkt.

Energon hatte sich mit Erfolg gegen eine "Definition' seiner Person gewehrt. Er besaß weder einen festen Beruf noch eine solche eindeutige Berufung. Er wollte nicht in einer bestimmten 'Funktion' für die anderen da sein. Seine Lebensvorstellung und vielfältige -realisierung bestand in der Chance, möglichst Vielem / Vielen gegenüber immer wieder veränderbar und offen zu sein. Heute konnte er brauchbar für bestimmte Aufgaben sein, morgen wiederum für etwas ganz anderes. 'Seine 'Unentschlossenheit' wies ihm auch die Wege zu den Übergangsphänomenen 'Hoffnung' und '(absolute) Veränderung'.

Das Prinzip sollte und konnte der Prüfung durch die letzte und endgültige Infragestellung seiner selbst, durch den Tod, standhalten.

Energon hatte nichts zu verlieren, da er nicht festgelegt war. Er hatte nur etwas zu gewinnen. Sein Leben bot Beweise genug. Energon entschied sich nicht, sondern blieb rätselhaft und unfassbar. Die Möglichkeit, immer wieder ein anderer zu sein, bescherte ihm unerahnte und kaum begreifliche Lebensfreude und Erfüllung. Die Erkenntnis den relativen Möglichkeiten seines Alltags verwies ihn letztlich auch auf die absolute, nicht vergängliche Möglichkeit des Seins.

Das dritte Prinzip

Vor Jahren wurde Energon einmal gefragt, warum es fast niemandem gelinge, ihn wütend zu stimmen. Er hatte geantwortet, dass es wohl kaum jemand erreichen würde, mit auch noch so vielen Steinwürfen die glatte Wasserfläche eines stillen Teiches in eine schäumende, wogende See zu verwandeln. Die Wasser, denen nach allen Seiten Raum zur Ausbreitung bleibt, sind nicht ohne weiteres veränderbar.

Energon hatte nach diesem Bild gelebt. Er besaß viele Räume und Möglichkeiten zum Ausgleich. Er verstand es, Menschen, Situationen und sich selbst einfach zuzulassen, so wie er sie erfuhr. Wer stets verändern will, erreicht letztlich nichts; wer gelassen sein kann, wandelt sich mit seiner Welt. So hieß Energons dritte Lebensweisheit. Er hatte in den langen Jahren seines Lebens gelernt, sich zu akzeptieren, mehr noch, Treue zu sich und zum tief in seinem Inneren ruhenden Selbst zu entwickeln. Er kannte keine Bedenken, sich diesem Selbst anzuvertrauen und sich der aus ihm heraus wachsenden Lebenszuversicht und -orientierung hinzugeben.

Alles, was der Alltag ihm brachte, sah Energon als 'notwendig' an, denn es ergab sich als Folge von Umständen und der jeweiligen Beteiligung seiner Person. Das Gegebene würde ebenso notwendig passende Reaktionen in ihm und außerhalb seiner selbst bereithalten. Warum sollte er sich daher sorgen? Solange er

Gelassenheit und Treue zum Selbst bewahren konnte, sollte es weder in Energons Biographie noch in seinem Streben auf das 'Woraufhin' und auf das 'Wozu' alles Daseienden Momente des grundlegenden Zweifels, der Angst oder der emotionalen Auflehnung geben.

Die drei Prinzipien, die Energon zu den Grundpfeilern seiner Existenzkonstruktion bestimmt hatte, gestatteten ihm, ein außergewöhnliches Leben zu führen. Und der Alte war im Augenblick dieses Empfindens und rückblickend auf viele reiche Jahre unendlich dankbar dafür. Seine Freude aber brachte er darin zum Ausdruck, dass er seine Lebensbotschaft an seine Freunde und Schüler weitergab. Diese schrieben sie nieder, um alles wiederum verfügbar für diejenigen zu halten, die nach sich selbst fragten.

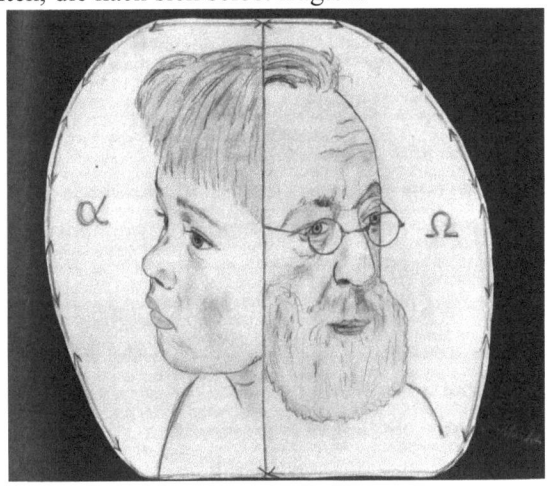

Das Ende als Anfang

Nachdem er die geistige Ordnung seiner Biographie zu einem vorläufigen Ende gebracht hatte, fühlte Energon sich wie von einer großen Last befreit. Für die Bürde des ausstehenden Lebens, die er nunmehr noch zu tragen hatte, benötigte er nicht mehr als einen Bruchteil der vorher aufgewandten Kraft. Diese Rest- und Endenergie würde ausreichen, um ihn an den End- und Wendepunkt seiner Existenz zu bringen.

Von diesem Zeitpunkt an suchte der Alte noch mehr als früher die Einsamkeit und Zurückgezogenheit. Nur noch selten sprach er mit den wenigen vertrauten Freunden. Diese merkten sehr bald, dass ihr Lehrmeister eine grundlegende Veränderung erlebt zu haben schien. Er vermittelte ihnen den Eindruck, als ob er auf etwas wartete. Einmal hielt er einigen von ihnen sogar seine Wohnungstür verschlossen, mit dem Hinweis, er habe Besuch und möchte jetzt nicht gestört werden. Die Freunde wunderten sich sehr, denn sie kannten von Energon, dass seine Gäste auch immer schon die Gäste seiner Freunde waren. Einen Besucher sah jedoch niemand.

Energon führte jetzt häufiger Gespräche mit sich allein oder aber mit jenem imaginären Besucher, dem er auf einem schmalen, harten Bänkchen gegenübersaß. Wer ihm in diesen Begegnungen hätte zuhören können, der hätte mehr erfahren über die letzten geheimnisvollen Stunden des Alten und das rätselhafte Schwinden seines 'Energon'.

So saß er oft versunken in sich selbst und in das Blau des Himmels und -schaute stundenlang schweigend zum Horizont, der in scheinbar unendlicher Ferne versank.

"Gehst du jetzt im Unendlichen unter und nimmst mich mit?", murmelte er. "Was verlangst du an Taten von mir, damit meine Aufgabe hier vollendet ist?" Energon wusste, dass seine Fragen ohne Reaktion verhallen würden. Er nahm aber sehr wohl wahr, dass das Fragen selbst schon den Beginn seines neuen Weges darstellte, den er konsequent und ohne zu zögern beschreiten wollte. Manchmal suchte er daher die Wolken des Himmels, ein anderes Mal die Wogen des Meeres, schließlich auch die Bewegungen der Himmelskörper. als Informationsquellen und Vertreter eines nicht greifbaren Gesprächspartners. Wolken, Wellen und Sterne nahmen direkt teil am ewigen Kreislauf des Werdens und Vergehens.

Zu diesem Lebensniveau schickte Energon sich jetzt selbst an emporzusteigen beziehungsweise zurückzukehren.

Der greise Mann war dankbar dafür, dass es ihm gegönnt war, bewusst sterben zu können. Er hatte seine Existenz in eine subjektive Ordnung bringen können. Niemand und nichts riss ihn jäh und unvorbereitet heraus aus einem unvollendeten Identitätsentwurf und dessen vitaler Verwirklichung. Allein die nachlassende Lebenskraft, nicht der Schmerz oder die existenzielle Verzweiflung, hatte Energon davon überzeugt, dass er nun seine Schritte in eine besondere, in eine notwendig einzuschlagende Richtung zu lenken hatte. Sein Sehnen und Hoffen, aber auch seine Neugierde waren auf einen Punkt gerichtet, den er in seinem irdischen Dasein nicht mehr erreichen konnte.

"Noch nicht", flüsterte der Alte vor sich hin. "Immer schon, zu allen meinen Tagen gab es ein 'Noch-nicht'. Ich habe mich auf sein Erreichen am nächsten Tag, in den nächsten Wochen oder Jahren freuen können. Jetzt erwarte ich das fundamentale, unfassbare 'Noch-nicht', das zweifellos da ist."

Plötzlich rief der Alte verzückt, mit überlauter Stimme:

"Wie bist du 'Noch-nicht'? Wann werde ich dich endlich in deiner Vollkommenheit erreichen? Was hältst du für mich bereit?"

Seine Freunde fanden Energon nach diesem Erlebnis starr und nahezu leblos in einem Sessel sitzend. Seine Augen hatte er weit geöffnet. Die Pupillen waren auf vollkommene Dunkelheit eingestellt und ruhten in tiefer Entspannung. Die Hände lagen wie zwei Schalen ineinander, um das letztlich für den Verstand Unergründbare aufnehmen zu können. Das Ergreifendste aber stellte der Gesichtsausdruck des Greises für seine Freunde dar. Kaum ein Fältchen deutete mehr hin auf das hohe Alter des Mannes. Ein entrücktes Lächeln lag auf seinen Lippen. Die Gesichtshaut schimmerte sanftrosa wie der letzte Schein der untergehenden Wintersonne.

Auch wenn ihn diejenigen, die diese Veränderungen beobachtet hatten, mit Fragen bestürmten, Energon schwieg, wie als wolle er ein sorgsam gehütetes Geheimnis wahren. Er hatte Momente dessen erfahren, was auf ihn als faszinierendstes Seinserleben zukam, und er wollte nicht im Mindesten riskieren, jetzt noch am weiteren Fortschreiten gehindert zu werden.

Als die beschriebenen Zustände bald immer häufiger auftraten und die Zeiträume der Entrückung länger und länger andauerten, begann Energons Sterben. Niemand konnte wie er in diesen Stunden spüren, dass Sterben nicht lediglich das Hinnehmen eines schicksalhaft bestimmten Zeitpunkts darstellt, der den Endpunkt der Existenz bedeutet. Es erlaubte ihm und verlangte von ihm eine letzte umfassende Gestaltung seines 'Ich'.

Energon lebte sein Sterben, öffnete alle Sinne und ließ sich in eine Verfassung weitestgehender Gelöstheit fallen. Plötzlich fühlte er sich leicht wie eine Feder. Der gelindeste Lufthauch würde ausreichen, ihn schweben und vor Erfüllung taumeln zu lassen. Die Grenzen seines Körpers zerflossen wie ein schmelzender Eisblock in der Sonne. Alles zeigte sich weit, uneingeschränkt und offen. Die bisher im Innersten seines Körpers eingeschlossene Energie strömte nun ungehindert in alle Richtungen und vereinigte sich mit der Gestaltungskraft des Kosmos. Energon fühlte sich frei, unendlich und unglaublich frei. Weder die Bedürfnisse seines schwach gewordenen, gealterten Körpers noch die Logik-Karteikästen seiner menschlichen Vernunft bestimmten nunmehr weiter sein Dasein. Er musste nicht mehr als 'ausgegliedertes Ich' leben. Nichts und niemand verlangte mehr von ihm einen individuellen Lebensentwurf oder eine persönliche Form der Selbstverwirklichung,

Energon versank im umfassenden Sinn, den er in seinen langen Lebensfahren vergeblich mit Sinnen und Verstand als Zustand zu erreichen versucht hatte. Tausende von Händen wurden ihm gereicht, um ihm die Vereinigung mit dem All und dem umfassenden Selbst zu ermöglichen.

Willenlos und freudig gelassen ließ sich der Sterbende wegführen in eine 'neue Welt'. Seinen Körper sah er liegen, wie einen in vielen Jahren liebgewordenen, abgetragenen Anzug, der nun nicht mehr gebraucht wurde.

Seine Gedanken, Theorien und Lehren bedeuteten ihm auf einmal nicht mehr als überholte, allzu oberflächlich und übereilt erhobene Daten.

Die Ruhe umfasste Energon mit einer unvergleichlichen Dichte und Vollkommenheit. Wie schon zur Zeit seines Erwachens im schützenden Leib der

Mutter sah er sich aufgehoben in einer Sphäre grundlosen Vertrauens und unhinterfragter Sicherheit. Alles und alle waren für ihn da, wie einst alles auf seine Versorgung und seinen Wachstumsprozess hin abgestimmt war. Lediglich Räume und Dimensionen hatten sich verändert. Die Enge des 'Mutterleibs ersetzte eine Großzügigkeit der Entfaltungsmöglichkeiten, die menschliches Begreifen nicht fassen kann.

Energon starb. Sein 'Woraufhin', dem er eine Existenz lang zugestrebt hatte, eröffnete sich ihm wie selbstverständlich. Es umflutete ihn mit einem warmen strahlenden Licht, dessen Kraft aus seiner und der Energie von Aberbillionen Kreaturen bestand, mit denen er in einer umgreifenden Einheit und Liebe gemeinsam 'sein' durfte.

Der Zustand des Seins wurde nun auch Energon zugebilligt. Er existierte nun nicht mehr, er 'war'. Das für ihn in seinen philosophischen Annäherungsversuchen stets so Unbegreifliche und schon gar nicht Mitteilbare erschien ihm jetzt wie die einfache Einmal-eins-Aufgabe des Erstklässlers aus der Perspektive des Abiturienten (Abitur = Reife) betrachtet:

Die umfassendste Formulierung des Sinns – während der natürlichen Lebensspanne nicht erreichbar, am ehesten noch 'an-lebbar' – bestand in der weitgehenden Gleichsetzung der Existenziale und Seinskategorien.

Die umfassendste Schlussfolgerung und Sinnerfahrung im Tode musste lauten:

"Ich bin ist gleich wir sind ist gleich es ist." Das 'Ich' ging im Prozess des Sterbens im umgreifenden 'Wir' auf und fand gleichzeitig Bezug zum allbegründenden 'Es', dem Prinzip der Urmutter und des Urvaters, dem Wesen der Dinge und der Kreaturen.

Das 'Danach', das neben der Unbegreiflichkeit des Sterbens die zweite, weitaus größere Herausforderung für jeden Menschen bedeutete, ließ sich nach dem vollendeten Übergang begreifen als Rückkehr und Neubeginn, Energon gab die ihm mit seiner Geburt zur Verfügung gestellte Kraft zurück, ohne sie in wesentlichem Maße verringert oder vergeudet zu haben. Das 'Danach' bedeutete eine Phase der Sammlung, aber auch der Verdichtung zu neuen Energiezentren, die sich irgendwann als individuelles Leben neu ausgrenzen sollten. Energon hätte, wenn er die Verbindung zu seinen Freunden wieder hätte aufnehmen können, es allen Zweiflern entgegenschreien mögen: "So hört doch, ihr Tölpel! Begreift, dass es kein absolutes Ende gibt! So wie kein Tag endet, um nicht dem nächsten Platz zu machen, so wird es niemals eine Nichtung des Gestaltungsdranges geben, ebensowenig des allmächtigen Seinswillens."

Die Freunde aber hörten den alten Lehrmeister nicht mehr. Vor ihnen ruhte ein lebloser Körper, dem in kürzester Zeit, da ihm das Wertvollste genommen worden war, eine grundlegende Veränderung widerfuhr. Muskeln und Glieder waren schlaff und starr, der Blick lag gebrochen; das Lächeln schien erfroren. Energon sah voller Mitgefühl herab auf die Menschen, die ihn ein Leben lang begleitet hatten. Er spürte keine Trennung, sondern eine noch tiefere, reinere Verbundenheit. Er entdeckte die Trauer in den Gesichtern und war bestürzt über die fehlende Einsicht der Lebenden. Auch hier erreichte seine nicht mehr wahrnehmbare Stimme ihr Ziel nicht.

"Spürt ihr denn nicht, dass ich bei euch bin, wie an allen Tagen? Spürt ihr nicht, dass ihr bei mir seid nach wie vor? Bemerkt ihr nicht, dass die Intensität unserer Beziehung sehr viel größer geworden ist?"

Doch niemand vermochte diese Mitteilungen aufzunehmen. Was mit der Kraft des Verstandes der Lebenden sich nicht einordnen ließ, hätte denjenigen, die Energon immer sehr nahe gestanden hatten, jedoch über ihre Körpersinne bewusst werden können. Sie hätten lediglich Signale deuten sowie diese als reale Wahrnehmungen zulassen müssen:

Der umfassende Wandel ist den 'Sehenden' sichtbar; die Ruhe, ebenso wie die Stimmen des All-Lebens waren für die 'Hörenden' hörbar, die Zielrichtung und die Zustandsänderungen des energetischen Prozesses waren für die 'Spürenden' spürbar.

Nachrede

Wir stellen uns vor, dass wenigstens einige der Leser jetzt eine Bewertung dieser Erzählung -abgeben werden. "Schön", werden (hoffentlich) einige befinden, "das hat mir gefallen", oder auch nicht. Die Frage, ob etwas schön oder weniger schön erscheint, kann aber nicht die entscheidende Bewertung der vorangehenden Textseiten darstellen. Das Schöne mache seinem Betrachter die Welt lediglich augenscheinlich, stellte schon Platon fest. Es kommt aber darauf an, das Wahrnehmbare in seiner existenziellen Bedeutung zu begreifen sowie es sich in seiner spezifischen individuellen Gegebenheit zunutze zu machen. Der Begriff 'Nützlichkeit' erweist sich als problematisch, sofern er mit dem Anspruch auf Ausschließlichkeit verwendet wird. Energon, der Held unserer Geschichte, lehnte ihn – auf seine Person bezogen – bekannterweise vehement ab.

Gesprochene und geschriebene Worte sollten jedoch durchaus dem Kriterium der Brauchbarkeit unterworfen werden.

Die grundlegende Frage des Lesers müsste lauten: "Was fange ich mit dem Stoff an?" Dieses Wort 'anfangen' sollte dabei sprachlich eng gedeutet werden. Kann das Gelesene dazu dienen, im Alltag an irgendeiner Stelle innezuhalten, eine kritische Überprüfung des eigenen Handelns zuzulassen und eine Neuorientierung – eben einen Anfang – zu erwägen?

Märchen dienten in der Geschichte schon immer dazu, grundlegende Lebensfragen im Lichte des Erlebens mehr oder weniger heldenhafter Taten und phantastischer Erlebnisse zu beleuchten. Im Märchen geht es um Glück und Gerechtigkeit, um Lebenswitz und die Stärke des Schwachen, um den Sieg des Guten über das Böse sowie letztlich um den Aufbau von menschlicher Überlebenskompetenz.

Die Bedeutung des Therapie-Märchens ist spezifischer zu sehen. Die Situationen und Erfahrungen weisen eine größere Alltags- und Lebensnähe auf. Die Helden erscheinen zwar als außergewöhnliche Gestalten, ihre Fragen, ihr Suchen und ihre Entscheidungen entsprechen jedoch durchaus dem möglichen Handeln des Durchschnittsmenschen, der sich zu besinnen versucht. In therapeutisch ausgerichteten Erzählungen sollten die konkreten Ansatzpunkte für persönliche Umsetzungen immer wieder deutlich auffindbar sein.

In den Kapiteln des 'Energon' sollten konkrete Ansprüche erkannt werden, wenn die Gedanken auf 'fruchtbarem Erfahrungsboden' als Impulse zur existenziellen Veränderung aufgehen sollen.

Die Phantasiefähigkeit des Lesers wird herausgefordert. Er / sie sollte versuchen, auf der Basis der eigenen Lebensbedingungen die Selbstentdeckung und Selbsterfahrungsbemühungen zu steigern.

Der Leser könnte eine 'selbstorganisierte' Reise durch die eigene Biographie durchführen. Er / sie könnte zurückfinden zur persönlichen Geburt und diese in der Vorstellung nacherleben als individuellen Beginn. Er / sie könnte sich selbst den Namen 'Energon' geben sowie die dazugehörende Lebenseinstellung und existenzielle Stärke und die Auswirkungen dieses Entschlusses beobachten. Sind innere oder äußere Widerstände zu überwinden? Zeigen sich andere Lebensperspektiven? Wie groß sind Vertrauen und Glaube hinsichtlich einer möglichen persönlichen 'Richtungsänderung',

Vielleicht lassen sich bei derartigen Selbstreflexionen und -erfahrungen auch - statt Energon - ganz andere, sehr persönliche neue Namen finden. Wie könnte dann der Held / die Heldin der eigenen Biographie heißen? Ideen ergeben sich fast wie von selbst, wenn der eigene Alltag mitsamt Selbstbild idealisierend aufgehoben werden kann.

Welche Prinzipien ließen sich akzeptieren? Welche existenziellen Grenzsituationen – Geburt, Einsamkeit, Absurditätserfahrungen, Sinnerlebnisse, Tod – werden auch in der eigenen Existenz als solche erlebt?

In jedem von uns, ohne Ausnahme, lässt eine grundlegende Lebensenergie einen existenziellen Quell entspringen, der letztlich zu einem Strom des erfüllten Lebens anschwellen kann. Manchmal muss man im Alltag einfach innehalten und die gedankliche und handelnde Nutzung dieses Vorrats an individueller Kraft und Stärke überprüfen. Dies darf nicht dazu führen, das Leben generell mit persönlichem Sinn füllen zu wollen. An dieser Aufgabe wird jeder von uns notwendig scheitern. Es gilt vielmehr, sich selbst – wie Energon – einzugliedern in einen ewigen Lebensprozess, von dem eine winzige Etappe unserer individuellen Gestaltung überlassen worden ist.

Es wäre ebenso falsch, im reflektierenden Wissenwollen stehenzubleiben und dabei in Vernunftkonstruktionen des 'Ich' zu erstarren, wie sich allein von Triebenergien und Lebenslust durch. seine Alltage 'treiben zu lassen'. In einer früheren Veröffentlichung (Walter Machtemes / Katja Fliß: (über) Lebenspausen, Oberhausen 1990) haben wir in einer Fabel die menschliche Situation des existenziellen Zweifels und des Neubeginns dargestellt.

Ein Grashalm findet seinen individuellen Sinn nicht mehr. Er bezweifelt, dass irgendetwas sich an der Wiese, auf der er lebt, verändern würde, wenn es ihn nicht mehr gäbe. Sein Zweifel infiziert seine Umgebung. In kürzester Zeit verdorrt alles Leben in einem großen Bezirk ehemals saftig grünenden Wachstums. Dort, wo vorher die bunte Frühlingswiese blühte und lebte, fand man nur noch leblose, kahle Ödlandschaft.

Energon pries das Wachstum des Einzelnen als notwendigen (Teil)Beitrag und als Leistung zum Gedeihen des Ganzen. Sein Leben, das er unter diesen Voraussetzungen erfuhr und Jahr um Jahr auffüllte, konnte er letztlich als erfüllt bezeichnen.

Ohne Angst und Verzweiflung konnte unser Held die materielle Erscheinungsform seiner Lebensenergie zurückgeben.

Wir möchten uns und den Lesern wünschen, dass uns dies auch in naher oder ferner Zukunft gelingen wird.

Energons Lebensstationen unterscheiden sich nur unerheblich von den jeweiligen Phasen unserer Biographien. Er wird geboren, wächst heran, reift zum Erwachsenen, zieht Lebensbilanz, nimmt Abschied vom individuellen Dasein.

Und doch, Energon fragt, erlebt, deutet auf eine faszinierende Art und Weise anders und intensiver.

Uns Alltagsmenschen eilt er stets einen entscheidenden Erfahrungsschritt voraus; er lebt in einem unbedingten Vertrauen zum Sein, zum Willen und zur Kraft in seinem Inneren.

Dieses Buch macht Mut auf dem Weg zu sich selbst. Es zeigt, dass es sich in jedem Lebensabschnitt lohnt, innezuhalten und Sinn erfahren zu wollen, Der/die Leser(in) wird zu einer persönlichen Antwort herausgefordert und beschreitet damit – falls notwendig – auch selbsttherapeutische Wege.

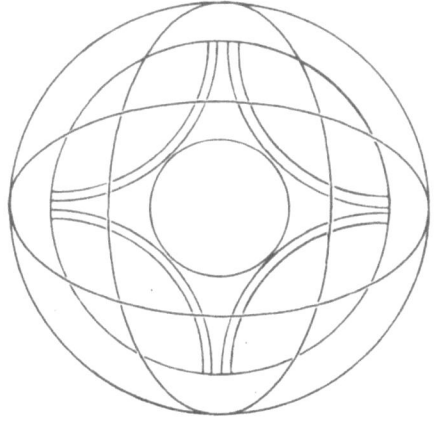

Dieses Buch ist als vom Autor gelesenes Hörbuch
zu beziehen.
Weitere Informationen unter:

www.gesundzeit-info.de